JN181293

英語で学ぶ御書

The Gosho in English

「英語で学ぶ御書」編纂委員会・編

第三文明社

まえがき

　創価学会は、創立以来の伝統として、毎月の「座談会」を基本的な活動の場としてきました。老若男女が集って、胸襟を開いて語り合い、日蓮大聖人の仏法哲学を皆で学び合う――創価の温かい世界を象徴する風景です。いまや創価のネットワークは世界192カ国・地域にまで広がりました。「座談会」は「Zadankai」として、各国のSGI（創価学会インタナショナル）メンバーに親しまれ、世界中で開催されています。

　御聖訓に「行学の二道をはげみ候べし、行学たへなば仏法はあるべからず」（御書全集1361㌻）とあるように、座談会では必ず御書の一節を学び合います。使用される教材は、月刊の機関誌『大白蓮華』（聖教新聞社刊）に掲載される「座談会拝読御書」です。

　この「座談会拝読御書」の英訳を、との読者からの要望に応えて、『グラフSGI』（同社刊）に連載が始まったのは、2000年1月号からでした。同誌編集部では、拝読御書の「御文」とその通解を示し、その御文の「英訳」と、その英訳を理解するための手引きとなる「語句の解説」を付ける形をとりました。この連載は現在も続いており、すでに179

回を数えます(2014年11月現在)。

　この連載に対して、幅広い年齢層の読者から、「わかりやすい」「英訳を通して、御書に親しみが持てるようになった」などの声が寄せられています。

　今回、このシリーズを単行本としてまとめ、『英語で学ぶ御書』(The Gosho in English)と題して発刊する運びとなりました。連載された中から50編を選び、聖教新聞社の了解を得て収録したものです。なお発刊にあたっては、「語句の解説」を大幅に加筆・訂正し、関連する事柄についても解説を加えました。

『グラフSGI』では、英語を少し知っている人であれば、誰でも読めるようにとの編集方針で、やさしい単語についても解説してあります。しかし、本書を手に取る人の中には、御書を学びながら英語も学習したい、と思っている方も多いと思われます。さらには、御書の御文と英訳を対比して、どのように翻訳されているかという観点から読まれる方もおられるでしょう。そこで、語法の解説なども増やして、高校生や大学生の英語学習にも役立つようにと工夫しました。

　最後に、本書の構成について簡単に述べます。最初に、本書の執筆に使用した書籍と参照した辞典を、本文中に使

用した略号とともに「凡例」として示しました。本文では、『御書全集』の「本文」と「通解」、「英訳」「語句の解説」をその順序で掲げ、必要に応じて「補足説明」や「参考」を加えました。巻末には、収録御文や仏教用語などの検索ができるよう索引を付けてあります。

　いまや創価の広宣流布運動は、世界で同時に進行する時代を迎えました。日蓮大聖人の御書も10以上の言語に翻訳され、人種や国境を越えて、世界各地で学ばれています。日本においても、御書を英語で読んでみたいという方々や、将来、世界広布に活躍する夢をいだいている若い世代の人たちにとって、本書がその手引きとなり、多くの方々に活用していただけることを念願してやみません。

　　2014年11月
　　　　　　「英語で学ぶ御書」編纂委員会

〈注記〉
『グラフSGI』は2018年12月号をもって休刊となり、『大白蓮華』2019年1月号から座談会の拝読御書に御文の英訳が掲載されています。

もくじ
Contents

まえがき *1*

① 立正安国論 — *12*
On Establishing the Correct Teaching for the Peace of the Land

② 開目抄 — *14*
The Opening of the Eyes

③ 報恩抄 — *17*
On Repaying Debts of Gratitude

④ 一生成仏抄 — *20*
On Attaining Buddhahood in This Lifetime

⑤ 持妙法華問答抄 — *24*
Questions and Answers about Embracing the Lotus Sutra

⑥ 聖愚問答抄 — *27*
Conversation between a Sage and an Unenlightened Man

⑦ 諫暁八幡抄 — *30*
On Reprimanding Hachiman

⑧ 御義口伝 — *34*
The Record of the Orally Transmitted Teachings

⑨ 寂日房御書 — *38*
Letter to Jakunichi-bō

⑩ 種種御振舞御書 — *40*
The Actions of the Votary of the Lotus Sutra

⑪ 法華経題目抄 — *44*
The Daimoku of the Lotus Sutra

⑫ 佐渡御書 — *46*
Letter from Sado

⑬ 四菩薩造立抄 — 50
On Establishing the Four Bodhisattvas as the Object of Devotion

⑭ 転重軽受法門 — 52
Lessening One's Karmic Retribution

⑮ 曾谷殿御返事（成仏用心抄） — 58
The Essentials for Attaining Buddhahood

⑯ 兄弟抄 — 60
Letter to the Brothers

⑰ 兄弟抄 — 64
Letter to the Brothers

⑱ 兵衛志殿御返事（鎌足造仏事） — 67
Kamatari Suggests the Fashioning of a Buddha Image

⑲ 兵衛志殿御返事（三障四魔事） — 70
The Three Obstacles and Four Devils

⑳ 四条金吾殿御返事（煩悩即菩提御書） — 74
Earthly Desires Are Enlightenment

㉑ 呵責謗法滅罪抄 — 76
On Rebuking Slander of the Law and Eradicating Sins

㉒ 四条金吾殿御返事（世雄御書） — 78
The Hero of the World

㉓ 崇峻天皇御書（三種財宝御書） — 80
The Three Kinds of Treasure

㉔ 崇峻天皇御書（三種財宝御書） — 84
The Three Kinds of Treasure

㉕ 日眼女造立釈迦仏供養事 — 86
Concerning the Statue of Shakyamuni Buddha Fashioned by Nichigen-nyo

㉖ 聖人御難事 — 90
On Persecutions Befalling the Sage

㉗ 四条金吾殿御返事（法華経兵法事）— 92
The Strategy of the Lotus Sutra

㉘ 乙御前御消息（身軽法重抄）— 94
The Supremacy of the Law

㉙ 辨殿尼御前御書（大兵興起御書）— 97
The Great Battle

㉚ 日女御前御返事（御本尊相貌抄）— 100
The Real Aspect of the Gohonzon

㉛ 妙一尼御前御消息（冬必為春事）— 104
Winter Always Turns to Spring

㉜ 檀越某御返事 — 108
Reply to a Believer

㉝ 大悪大善御書 — 110
Great Evil and Great Good

㉞ 阿仏房御書（宝塔御書）— 113
On the Treasure Tower

㉟ 千日尼御前御返事（真実報恩経事）— 116
The Sutra of True Requital

㊱ 千日尼御前御返事（雷門鼓御書）— 119
The Drum at the Gate of Thunder

㊲ 生死一大事血脈抄 — 122
The Heritage of the Ultimate Law of Life

㊳ 生死一大事血脈抄 — 126
The Heritage of the Ultimate Law of Life

㊴ 祈禱抄 — 130
On Prayer

㊵ 諸法実相抄 — 132
The True Aspect of All Phenomena

㊶ 椎地四郎殿御書（如渡得船御書）— 136
A Ship to Cross the Sea of Suffering

㊷ 弥三郎殿御返事 — 140
Reply to Yasaburō

㊸ 異体同心事 — 142
Many in Body, One in Mind

㊹ 減劫御書 — 146
The Kalpa of Decrease

㊺ 高橋殿御返事（米穀御書）— 149
The Properties of Rice

㊻ 三三蔵祈雨事 — 152
Three Tripitaka Masters Pray for Rain

㊼ 三三蔵祈雨事 — 156
Three Tripitaka Masters Pray for Rain

㊽ 上野殿後家尼御返事（地獄即寂光御書）— 158
Hell Is the Land of Tranquil Light

㊾ 上野殿御返事（刀杖難事）— 161
Persecution by Sword and Staff

㊿ 上野殿御返事（竜門御書）— 164
The Dragon Gate

「補足説明」一覧

1 一生成仏抄:「衆生と云うも仏と云うも亦 此くの如し」とは? …… 23

2 諸仏・諸菩薩・諸天善神と教主釈尊の関係 …… 88

3 日女御前御返事:「無二に信ずる」の英訳の工夫 …… 102

4 「異体同心」の二つの英訳——翻訳の秘訣 …… 145

5 減劫御書:「智者とは世間の法より外に 仏法を行ず」の英訳 …… 148

「参考」一覧

1 論師・人師・十大弟子 …… 19

2 十干・十二支・干支について …… 33

3 動作主が不定の場合は受動態で表現 …… 45

4 佐渡御書:「正法を惜む心の強盛なるべし」 の英訳は? …… 48

5 「十界」の名称と英訳 …… 55

6 「三障四魔」の名称と英訳 …… 63

7 崇峻天皇御書:「身の財より心の財第一なり」 の英訳について …… 82

8 乙御前御消息:別名「身軽法重抄」の由来 …… 96

9 「正直捨方便・不受余経一偈」の出典 …… 103

10	仏や菩薩の名前について	115
11	千日尼御前御返事：別名「雷門鼓御書」の由来	121
12	「煩悩即菩提」「生死即涅槃」の"即"はどう訳す？	128
13	生死一大事血脈抄：「信心の血脈なくんば…」の英訳	129
14	「諸法実相」について	135
15	「如渡得船」――万人の願いを満たす功徳の譬喩	139
16	法華経化城喩品：「願くは此の功徳を以て普く一切に及ぼし」の背景	167

「コラム」一覧

1	御書に見る歴史のことば	37
2	門下の名前について	43
3	竜とドラゴン	49
4	ネットで『英訳御書』が読める!!	57
5	心に留めておきたい要文(1)	73
	心に留めておきたい要文(2)	83
	心に留めておきたい要文(3)	89
	心に留めておきたい要文(4)	107
	心に留めておきたい要文(5)	125
	心に留めておきたい要文(6)	155

凡　例

一、本書で引用した文献を示す。
・『日蓮大聖人御書全集』(創価学会版、267刷) ＝ 本文中では「御書全集」と略記
・The Writings of Nichiren Daishonin (Tokyo: Soka Gakkai), vol. 1 (1999) 2017年第16刷、vol. 2 (2006) 2017年第3刷 [上記「御書全集」の英訳、『英訳御書』]
・The Record of the Orally Transmitted Teachings (Tokyo: Soka Gakkai, 2004) [上記「御書全集」所収の「御義口伝」の英訳]
・『妙法蓮華経並開結』(創価学会版) ＝ 本文中で引用する場合は「法華経　ﾍﾟ」と略記
・The Lotus Sutra and Its Opening and Closing Sutras (Tokyo: Soka Gakkai, 2009) [上記『妙法蓮華経並開結』の英訳、本文中で引用する場合は「*The Lotus Sutra*, p.　」と略記]

　なお、上記 The Writings of Nichiren Daishonin, vol. 1 については、本書に引用するに当たり、発行者の了解を得て macron (長音記号、例：Dengyō) を付加した。

一、参考にした辞書と本文中での略号を示す。
・Concise Oxford English Dictionary = COD
・Pocket Oxford English Dictionary = POD
・Merriam-Webster Unabridged Dictionary (Online) = MWU
・Collins Cobuild Advanced Dictionary of English = Collins

一、「本文」や「語句の解説」に使われる記号の説明を示す。
[ ] brackets　ブラケット（角かっこ）は、本文にはない文章や語句を説明的に補足する場合に用いる。特に翻訳では、原文の意味を補足するために使われることが多い。
( ) parentheses　パーレン（丸かっこ）は、カンマやダッシュではさんで区別する場合よりも、本文の趣旨との関係が薄い場合に用いられる。
★「語句の解説」の中で、語法等を解説した部分には★を付けた。主に『リーダーズ＋プラス GOLD』（研究社）を参照した。

① 立正安国論

御書全集31㌻18行目

汝須く一身の安堵を思わば 先ず四表の静謐を禱らん者か

あなたは、自分自身の安泰を願うならば、まず世の中の平穏を祈ることが必要ではないのか。

① On Establishing the Correct Teaching for the Peace of the Land

— *The Writings of Nichiren Daishonin*, vol. 1, p. 24

If you care anything about your personal security, you should first of all pray for order and tranquillity throughout the four quarters of the land, should you not?

語句の解説

establish 確立する / the correct teaching 正しい教え。「正法」の訳 / land 国、国土 / On Establishing the Correct Teaching for the Peace of the Land 本抄の題名「立正安国論」の訳。文字通りには「国の平和のために、正しい教えを確立することについて」/ care 心配する / anything 多少とも（文意を強調）/ personal 個人の、自分の / security 無事、安全 / first of all 何よりもまず / pray for ～ …を祈る / order 秩序 / tranquillity 静けさ、安定。正字法（correct spelling）はlが二つであるが、一つで使われることが多い / throughout ～ …のすみからすみまで / quarter 方角、地域 / the four quarters「四表」（四方、天下）の訳 / ～, should you not?（＝shouldn't you?）「禱らん者か」の「か」に当たる表現。you should に続く文に付けて付加疑問文をつくる。現代語では「ですね」と念を押す表現

② 開目抄

御書全集234㌻7行目〜9行目

　我並びに我が弟子・諸難ありとも疑う心なくば自然に仏界にいたるべし、天の加護なき事を疑はざれ現世の安穏ならざる事をなげかざれ、我が弟子に朝夕教えしかども・疑いを・をこして皆すてけん つたなき者のならひは約束せし事を・まことの時はわするるなるべし

　私も、そして私の弟子も、いかなる難があっても疑う心がなければ、必ず仏界に至るのである。天の加護がないからと信仰を疑ってはならない。現世が安穏ではないからと嘆いてはならない。私の弟子に朝に夕に教えてきたけれども、疑いを起こして、皆、法華経を捨ててしまったようだ。拙き者の常として、約束したことを大事な時に忘れてしまうものである。

② The Opening of the Eyes

— *The Writings of Nichiren Daishonin*, vol. 1, p. 283

Although I and my disciples may encounter various difficulties, if we do not harbor doubts in our hearts, we will as a matter of course attain Buddhahood. Do not have doubts simply because heaven does not lend you protection. Do not be discouraged because you do not enjoy an easy and secure existence in this life. This is what I have taught my disciples morning and evening, and yet they begin to harbor doubts and abandon their faith.

Foolish men are likely to forget the promises they have made when the crucial moment comes.

The Opening of the Eyes 本抄の題名「開目抄」の訳。文字通りには「目を開くこと」/ although 〜 たとえ…であっても / disciple 弟子 / encounter 出合う、(困難などに)遭う / various difficulties (difficultyの複数形) さまざまな困難、障害。「諸難」

の訳／harbor（悪意などを）いだく／doubt 疑い、疑念／in one's heart 自分の心に／as a matter of course 当然のこととして。「自然に」の訳／attain 達成する、（境涯などに）なる／Buddhahood 仏界／simply because ～ 単に…だからといって／heaven 天／lend ～ protection …を守る／be discouraged 落胆する。「嘆く」の訳／enjoy 楽しむ、享受する／easy 安楽な、心配のない／secure 安全な、不安のない／existence 存在、生活／in this life 現世に、今世に／what（関係詞）…すること。that which, those things that などの意味／have taught「（常に）教えてきた」の意 ★この現在完了は、次の morning and evening という時間を示す副詞句を伴って継続を表す／morning and evening（副詞句） 朝夕。「朝夕」は（副詞的に用いて）いつも、常にの意／and yet それにもかかわらず／begin to harbor doubts 疑いをいだき始める／abandon one's faith 自分の信仰を捨てる、退転する／foolish 愚かな／men（manの複数形）人、人間／be likely to ～ …しそうである／promise 約束／the promises [that] they have made 自分が約束したこと。they は foolish men を指す／the crucial moment 重要な時、大事な時

③ 報恩抄

御書全集329㌻3行目〜5行目

　日蓮(にちれん)が慈悲(じひ)曠大(こうだい)ならば南無妙法蓮華経は万(まん)年(ねん)の外(ほか)・未来(みらい)までもながるべし、流布(るふ)日本国(にほんこく)の一切(いっさい)衆生(しゅじょう)の盲目(もうもく)をひらける功徳(くどく)あり、無間地獄(むけんじごく)の道(みち)をふさぎぬ、此(こ)の功徳は伝教(でんぎょう)・天台(てんだい)にも超へ竜(りゅう)樹(じゅ)・迦葉(かしょう)にもすぐれたり

　日蓮の慈悲が広大であるなら、南無妙法蓮華経は万年を越えて、未来永遠に流布(るふ)するに違いない。日本国の一切衆生の盲目を開いた功徳がある。無間地獄の道をふさいだのである。この功徳は、伝教・天台にも超え、竜樹・迦葉よりも優れているのである。

③On Repaying Debts of Gratitude

— *The Writings of Nichiren Daishonin*, vol. 1, p. 736

If Nichiren's compassion is truly great and encompassing, Nam-myoho-renge-kyo will spread for ten thousand years and more, for all eternity, for it has the beneficial power to open the blind eyes of every living being in the country of Japan, and it blocks off the road that leads to the hell of incessant suffering. Its benefit surpasses that of Dengyō and T'ien-t'ai, and is superior to that of Nāgārjuna and Mahākāshyapa.

語句の解説

repay 返す、(恩などに)報いる / debt (他人に)負っているもの、恩義 / gratitude 感謝(の気持ち) / debt of gratitude 感謝すべき恩義 / On Repaying Debts of Gratitude 本抄の題名「報恩抄」の訳。文字通りには「恩義に報いることについて」/ compassion 慈悲、思いやり / truly 真に、本当に / encompassing (すべてを)包み込むような / spread 広まる、流布する / ten thousand years 1万年。thousand は 1000 / for ten thousand years and more「万年の外」の訳。文字通りには「1万年、そし

てさらにその先も」。次の for all eternity（未来永遠に）は同格で、これを言い換えている / eternity 永遠 / beneficial 有益な、功徳の / beneficial power 功力(くりき)、功徳力 / blind eyes 見えない目 / every living being あらゆる生き物、一切衆生 / the country of Japan 日本（という）国 / block off　ふさぐ / the road that leads to ～　…に至る道 / the hell of incessant suffering 無間(むけん)地獄 / hell 地獄 / incessant 絶え間のない。continuing or following without interruption（MWU）途切れる間がなく続く。「無間」の訳 / suffering 苦しみ / benefit 利益(りやく)、功徳 / surpass 上まわる、まさる / that of　この that は「（…の）それ」という意味で、the benefit of と benefit を反復することを避けるために使われている / Dengyō 伝教（大師）/ T'ien-t'ai 天台（大師）/ be superior to ～　…より優れている / Nāgārjuna　ナーガールジュナ、竜樹 / Mahākāshyapa マハーカーシャパ、(摩(ま)訶(か))迦葉

参考　論師・人師・十大弟子

　ここに登場する仏教の指導者の中で、インドの竜樹菩薩（Bodhisattva Nāgārjuna）は、天親(世親)菩薩（Bodhisattva Vasubandhu）等とともに、「論師」（doctrinal master）と呼ばれる。それに対して、中国の天台大師（the Great Teacher T'ien-t'ai）や日本の伝教大師（the Great Teacher Dengyō）は、「人師」（teacher）といわれる。天親菩薩の梵語名はヴァスバンドゥである。なお、天台はピンイン表記では Tiantai となる。迦葉（Mahākāshyapa）は、阿難（Ānanda アーナンダ）等とともに、釈尊の十大弟子（the ten major disciples of Shakyamuni Buddha）と称される。

④ 一生成仏抄

御書全集384ページ2行目〜5行目

衆生と云うも仏と云うも亦此くの如し 迷う時は衆生と名け悟る時をば仏と名けたり、譬えば闇鏡も磨きぬれば玉と見ゆるが如し、只今も一念無明の迷心は磨かざる鏡なり 是を磨かば必ず法性真如の明鏡と成るべし、深く信心を発して日夜朝暮に又懈らず磨くべし 何様にしてか磨くべき 只南無妙法蓮華経と唱へたてまつるを是をみがくとは云うなり

　衆生といっても仏といっても、また同様である。迷っている時には衆生と名づけ、悟った時には仏と名づけるのである。たとえば、映りの悪い鏡も磨いたなら、輝く玉のように見えるようなものである。今の衆生の一念は、無明に覆われた迷いの心であり、いわばまだ磨いていない鏡である。これを磨けば必ず、真実の悟りの生命となり、よく映る明鏡となるのである。深く信心を起こして、昼も夜も朝も夕も怠ることなく磨くべきである。では、どのようにして磨けばよいのか。ただ南無妙法蓮華経と唱えること、これが磨くということである。

④ On Attaining Buddhahood in This Lifetime

— *The Writings of Nichiren Daishonin*, vol. 1, p. 4

It is the same with a Buddha and an ordinary being. When deluded, one is called an ordinary being, but when enlightened, one is called a Buddha. This is similar to a tarnished mirror that will shine like a jewel when polished. A mind now clouded by the illusions of the innate darkness of life is like a tarnished mirror, but when polished, it is sure to become like a clear mirror, reflecting the essential nature of phenomena and the true aspect of reality. Arouse deep faith, and diligently polish your mirror day and night. How should you polish it? Only by chanting Nam-myoho-renge-kyo.

attain 達成する、到達する / Buddhahood 仏界、仏の境涯 / lifetime 一生、生涯 / On Attaining Buddhahood in This Lifetime 本抄の題名「一生成仏抄」の訳。文字通りには「今世で成仏する

ことについて」/ It is the same with 〜 それは(仏と衆生についても)同じである。次ページの「補足説明」を参照 / Buddha 仏 / ordinary being 「衆生」の訳 / When [one is] deluded 迷っている時は / be called 〜 …と呼ばれる / when [one is] enlightened 覚(さと)っている時は / be similar to 〜 …とよく似ている / tarnish (ガラスなどを)曇(くも)らせる / a tarnished mirror 曇った鏡 / shine 輝く / jewel 宝石 / polish 磨く / when [it is] polished 磨かれると / a mind [which is] now clouded by 〜 今は…によって曇っている心 / illusion 迷い、幻想 / innate 生まれながらの、内在の / darkness 闇、無知 / life 生命 / A mind now clouded by the illusions of the innate darkness of life 「一念無明の迷心」の訳。文字通りには「生命に内在する無明の迷いに曇った心」/ be sure to 〜(不定詞) 必ず…(になる)/ become like 〜 …のようになる / clear 澄(す)んだ、曇りのない / reflecting 映し出して(分詞構文)。and reflect と考えればよい / essential 本質的な / nature 本性、性質 / phenomena (phenomenon〈現象〉の複数形)。「法界」や「諸法」など、「現象・事象」を意味する「法」の訳語として使う / the essential nature of phenomena 「法性」の訳。文字通りには「現象の本質的な性質」/ aspect 様相 / reality 現実、実在 / the true aspect of reality 「真如」の訳。文字通りには「実在の真実の相」/ arouse 奮い起こす / faith 信心 / diligently 勤勉に。「懈(おこた)らず」の訳 / day and night (副詞句) 日夜 ★原文は「日夜朝暮」で口調を整えているが、英訳では day and night (昼も夜も)とした。

「朝暮」は dawn and dusk という / How should you ～ いかにして…すべきか / only ただ / chant 唱える / Only by chanting Nam-myoho-renge-kyo. ただ南無妙法蓮華経と唱えることによって（磨くべきである）。英訳では（　）内を省略し、簡潔で力強い表現になっている。

補 足 説 明　「衆生と云うも仏と云うも亦此くの如し」とは？

It is the same with a Buddha and an ordinary being. の It は直前のパラグラフの次の部分を指している。英文とその意味を記す。

If the minds of living beings are impure, their land is also impure, but if their minds are pure, so is their land. There are not two lands, pure or impure in themselves. The difference lies solely in the good or evil of our minds.

衆生（living beings）の心が汚れて（impure）いれば、彼らの（住む）国土もまた汚れているが、彼らの心が清らか（pure）であれば、その国土もまた清らかである（so is their land）。もともと（in themselves）清らかな国土と汚れた国土があるのではない。その違いは、ただ（solely）私たちの心の善（good）か悪（evil）かによるのである。

★上の so is their land の so は、異なる主語について、同じことを述べる場合に使われる。つまり「彼らの心」が清らかであれば、「彼らの国土」もまたそうである、という意味。語順に注意。

⑤ 持妙法華問答抄

御書全集467㌻17行目～18行目

　願くは「現世安穏・後生善処」の妙法を持つのみこそ只今生の名聞・後世の弄引なるべけれ須く心を一にして南無妙法蓮華経と我も唱へ他をも勧んのみこそ今生人界の思出なるべき

　願わくは「現世は安らかであり、来世には善い所に生まれる」と仰せの妙法を持つこと、それのみが、この一生の真の名誉であり、来世の導きとなるのである。ぜひとも全魂を傾けて、南無妙法蓮華経と自身も唱え、他の人にも勧めるがよい。それこそが、人間として生まれてきたこの一生の思い出となるのである。

⑤ Questions and Answers about Embracing the Lotus Sutra

— *The Writings of Nichiren Daishonin*, vol. 1, p. 64

I pray that you will embrace the Mystic Law, which guarantees that people "will enjoy peace and security in their present existence and good circumstances in future existences." This is the only glory that you need seek in your present lifetime, and is the action that will draw you toward Buddhahood in your next existence. Single-mindedly chant Nam-myoho-renge-kyo and urge others to do the same; that will remain as the only memory of your present life in this human world.

questions and answers　問いと答え。「問答」の訳／embrace（信仰の対象などに）帰依する、（教義などを）信奉する／the Lotus Sutra　法華経／Questions and Answers about Embracing the Lotus Sutra　本抄の題名「持妙法華問答抄」の訳。文字通りには「法華経を信仰することについての質問と回答」／pray that ～　…となることを祈る、願う／the Mystic Law　妙法／

持妙法華問答抄　25

guarantee that ～ …すると約束する、…となることを保証する / people（一般に）人々 / enjoy 享受(きょうじゅ)する、楽しむ / peace 平和、平穏 / security 無事、安全 / present existence 現世 / good circumstances 良い境遇 / future（形容詞）未来の / [they] will enjoy peace and security in their present existence and good circumstances in future existences「現世安穏・後生善処」の訳（法華経244ページ、The Lotus Sutra, p.136）/ the only 唯一の / glory 栄光、誉れ。「名聞(みょうもん)」の訳 / need ～ …する必要がある（助動詞）。口語では need to ～（この場合、need は動詞）のほうが多く使われる / seek 求める / present lifetime 現世。「今生」の訳。present existence、present life ともいう / action 行動、行為 / draw A toward B　A を B のほうへ引っ張る、引き寄せる / Buddhahood 仏界 / next existence 次の生、来世。「後世」の訳 / single-mindedly　一心に、心を一つにして / chant 唱える / urge one to ～（不定詞）　人に…するよう勧める、促す / do the same 同じことをする。この場合は「題目を唱える」/ remain as ～ …として残る / the only memory 唯一の思い出　★「我も唱へ他をも勧めんのみこそ」の「のみこそ」を英訳に反映させたもの。前出の「妙法を持つのみこそ只今生の名聞」も the only glory that you need seek と訳されている / this human world この人間の世界。「人界」の訳

⑥ 聖愚問答抄

御書全集498㌻8行目〜10行目

されば一遍此の首題を唱へ奉れば一切衆生の仏性が皆よばれて爰に集まる時 我が身の法性の法報応の三身ともに・ひかれて顕れ出ずる 是を成仏とは申すなり、例せば籠の内にある鳥の鳴く時・空を飛ぶ衆鳥の同時に集まる是を見て籠の内の鳥も出でんとするが如し

通解

　一遍でもこの妙法蓮華経を唱えるならば、すべての人の仏性が皆呼ばれて、ここに集まる時、自身の仏性の法報応の三身ともに引かれて顕れ出る。これを成仏というのである。たとえば、籠の中にいる鳥が鳴く時、空を飛ぶ多くの鳥が同時に集まる。これを見て、籠の中の鳥も出ようとするようなものである。

⑥ Conversation between a Sage and an Unenlightened Man

— *The Writings of Nichiren Daishonin*, vol. 1, p. 131

Therefore, if you recite these words of the daimoku once, then the Buddha nature of all living beings will be summoned and gather around you. At that time the three bodies of the Dharma nature within you—the Dharma body, the reward body, and the manifested body—will be drawn forth and become manifest. This is called attaining Buddhahood. To illustrate, when a caged bird sings, the many birds flying in the sky all gather around it at once; seeing this, the bird in the cage strives to get out.

conversation 会話、対話 / sage 賢人。ここでは仏教の「聖人(しょうにん)」の訳語 / unenlightened man この unenlightened は enlightened（啓発された）の反意語。「愚か」を表し、「愚人」の訳語とした / Conversation between a Sage and an Unenlightened Man 本抄の題名「聖愚問答抄」の訳。文字通りには「賢人と覚(さと)りを得てい

ない人の対話」／ recite 唱える／ these words of the daimoku 題目のこれらの言葉。ここには引用されていないが、この文章の直前にある Myoho-renge-kyo のこと。「此の首題」の訳 ★ these words となるのは、myoho、renge、kyo のそれぞれが一つの単語（a word）であり、それらの集まりであるから／ once 1 回／ the Buddha nature 仏性／ all living beings 一切衆生／ summon 呼び出す／ gather around 〜 …のまわりに集まる／ the three bodies 三身／ the Dharma nature 法性／ the Dharma body 法身／ the reward body 報身／ the manifested body 応身／ be drawn forth 引き出される／ become manifest 明らかになる、現出する／ attain 達成する、到達する／ attain Buddhahood 成仏する／ To illustrate, 例をあげて説明すると。to illustrate は to make clear by using examples（COD）の意。「例せば」の訳／ a caged bird かごの中に入れられている鳥。cage は「かごに入れる」という動詞／ sing（鳥が）鳴く、さえずる／ the many birds flying in the sky 空を飛ぶたくさんの鳥／ all gather around it すべてそのまわりに集まる／ at once すぐに／ seeing this,（分詞構文）これを見て／ the bird in the cage かごの中の鳥／ strive to 〜（不定詞）…しようとする／ get out 外に出る

⑦ 諫暁八幡抄

御書全集585㌻1行目～3行目

今日蓮は去ぬる建長五年癸丑四月二十八日より今年弘安三年太歳庚辰十二月にいたるまで二十八年が間又他事なし、只妙法蓮華経の七字五字を日本国の一切衆生の口に入れんとはげむ計りなり、此れ即母の赤子の口に乳を入れんとはげむ慈悲なり

◇通 解◇

　今、日蓮は、去る建長5年4月28日(の立宗の日)から、(本抄を著した)今年弘安3年12月に至るまで、28年の間、他事は一切ない。ただ妙法蓮華経の七字五字を日本国の一切衆生の口に入れようと励んできただけである。これはちょうど、母親が赤子の口に乳をふくませようとする慈悲と同じである。

⑦ On Reprimanding Hachiman

— *The Writings of Nichiren Daishonin*, vol. 2, p. 931

Now for the past twenty-eight years, since the fifth year of the Kenchō era [1253], cyclical sign *mizunoto-ushi*, the twenty-eighth day of the fourth month, until the present, the twelfth month of the third year of the Kōan era [1280], cyclical sign *kanoe-tatsu,* I, Nichiren, have done nothing else, but have labored solely to put the five or seven characters of Myoho-renge-kyo into the mouths of all the living beings of the country of Japan. In doing so, I have shown the kind of compassion that a mother does when she labors to put milk into the mouth of her infant child.

reprimand 叱責する。「諫暁（する）」の訳 / On Reprimanding Hachiman 本抄の題名「諫暁八幡抄」の訳 / for the past twenty-eight years この28年間 / since A until B　AからBまで / era 時代。the Kenchō era で「建長年間」の意 / the fifth year of the Kenchō era [1253] 建長5年。英語圏などの読者のために便宜

上、この西暦の年号を［　］に入れて示している / cyclical sign 干支。cyclical は occurring in cycles（COD）周期的に繰り返される意（次ページの「参考」を参照）/ the twenty-eighth day of the fourth month　4月28日。旧暦の4月は、April と訳せば現在の暦の呼称となり、季節がずれるので序数を使って表している / until the present 現在に至るまで / the twelfth month of the third year of the Kōan era 弘安3年12月。この年月は直前の the present と同格になり、「現在」がいつかを示す / have done nothing else, but ～　他のことはせずに、…だけをしてきた。「他事なし」の訳 / labor うんと努力する / solely ただ、もっぱら / character 文字 / the five or seven characters 五字七字。「妙法蓮華経の七字五字」は「南無妙法蓮華経」の題目を表す。英訳では「五字七字」としているが、意味は同じである / put A into the mouth of B　A を B の口に入れる / living beings 衆生 / In doing so　in + ing（動名詞）は「…することにおいて」の意味に使われる。ここの趣意は、日蓮が妙法の題目を一切衆生に唱えさせようとすることは、母親が赤子に乳を飲ませようとする慈悲と同じである、ということ / kind　種類、のようなもの / the kind of ～ that （that 以下）のような… / compassion 慈悲 / the kind of compassion that a mother does 母が示すような慈悲。does は shows の代動詞 / put milk into the mouth of ～ …の口に乳を入れる / infant 幼い / infant child 赤ん坊、赤子

参考 十干・十二支・干支について

十干（the ten stems or trunks）：五行と「え」（年上）・「と」（年下）の組み合わせに由来する。また、「え」と「と」は「陰陽」も表す（「え＝陽（yang）」、「と＝陰（yin）」）

	甲	乙	丙	丁	戊	己	庚	辛	壬	癸
名称	きのえ	きのと	ひのえ	ひのと	つちのえ	つちのと	かのえ	かのと	みずのえ	みずのと
五行 (Five elements)	木 き (wood)		火 ひ (fire)		土 つち (earth)		金 かね (metal)		水 みず (water)	
年上／年下 （え／と）	年上 え	年下 と	年上 え	年下 と	年上 え	年下 と	年上 え	年下 と	年上 え	年下 と

十二支（the twelve branches）：方角と時刻を指すものとして用いられたもの

	子	丑	寅	卯	辰	巳	午	未	申	酉	戌	亥
名称	ね	うし	とら	う	たつ	み	うま	ひつじ	さる	とり	いぬ	い
動物名 (Animal name)	鼠 (rat)	牛 (ox)	虎 (tiger)	兎 (hare)	竜 (dragon)	蛇 (snake)	馬 (horse)	羊 (sheep)	猿 (monkey)	鶏 (cock)	犬 (dog)	猪 (boar)
方角 (Direction)	北 (north)			東 (east)			南 (south)			西 (west)		
時刻 (Time)	23:00–01:00	01:00–03:00	03:00–05:00	05:00–07:00	07:00–09:00	09:00–11:00	11:00–13:00	13:00–15:00	15:00–17:00	17:00–19:00	19:00–21:00	21:00–23:00

干支（the sexagenary cycle）：十干と十二支を組み合わせて60周期を表す

1. 甲子 きのえね	2. 乙丑 きのとうし	3. 丙寅 ひのえとら	4. 丁卯 ひのとう	5. 戊辰 つちのえたつ	6. 己巳 つちのとみ	7. 庚午 かのえうま	8. 辛未 かのとひつじ	9. 壬申 みずのえさる	10. 癸酉 みずのととり
11. 甲戌 きのえいぬ	12. 乙亥 きのとい	13. 丙子 ひのえね	14. 丁丑 ひのとうし	15. 戊寅 つちのえとら	16. 己卯 つちのとう	17. 庚辰 かのえたつ	18. 辛巳 かのとみ	19. 壬午 みずのえうま	20. 癸未 みずのとひつじ
21. 甲申 きのえさる	22. 乙酉 きのととり	23. 丙戌 ひのえいぬ	24. 丁亥 ひのとい	25. 戊子 つちのえね	26. 己丑 つちのとうし	27. 庚寅 かのえとら	28. 辛卯 かのとう	29. 壬辰 みずのえたつ	30. 癸巳 みずのとみ
31. 甲午 きのえうま	32. 乙未 きのとひつじ	33. 丙申 ひのえさる	34. 丁酉 ひのととり	35. 戊戌 つちのえいぬ	36. 己亥 つちのとい	37. 庚子 かのえね	38. 辛丑 かのとうし	39. 壬寅 みずのえとら	40. 癸卯 みずのとう
41. 甲辰 きのえたつ	42. 乙巳 きのとみ	43. 丙午 ひのえうま	44. 丁未 ひのとひつじ	45. 戊申 つちのえさる	46. 己酉 つちのととり	47. 庚戌 かのえいぬ	48. 辛亥 かのとい	49. 壬子 みずのえね	50. 癸丑 みずのとうし
51. 甲寅 きのえとら	52. 乙卯 きのとう	53. 丙辰 ひのえたつ	54. 丁巳 ひのとみ	55. 戊午 つちのえうま	56. 己未 つちのとひつじ	57. 庚申 かのえさる	58. 辛酉 かのととり	59. 壬戌 みずのえいぬ	60. 癸亥 みずのとい

諫暁八幡抄

⑧ 御義口伝(おんぎくでん)

御書全集748㌻9行目～12行目

第五　作師子吼の事(だいごさししくのこと)

　御義口伝に云く師子吼とは仏の説なり　説法とは法華　別しては南無妙法蓮華経なり、師とは師匠授くる所の妙法　子とは弟子受くる所の妙法・吼とは師弟共に唱うる所の音声なり　作とはおこすと読むなり、末法にして南無妙法蓮華経を作すなり

〈通 解〉

（法華経の「作師子吼」について）御義口伝には次のように仰せである。師子吼とは、仏の説法である。説法とは法華経、別して南無妙法蓮華経を説くことをいう。師子吼の「師」とは、師匠である仏が授ける妙法であり、「子」とは、弟子が受ける妙法であり、「吼」とは、師匠と弟子がともに唱える音声をいうのである。「作」とは「おこす」と読む。「師子吼を作す」とは、末法において南無妙法蓮華経をおこすことをいうのである。

⑧ The Record of the Orally Transmitted Teachings

— *The Record of the Orally Transmitted Teachings*, p. 111

Point Five, on the words "to roar the lion's roar" (*sa shishi ku*)

The Record of the Orally Transmitted Teachings says: The lion's roar (*shishi ku*) is the preaching of the Buddha. The preaching of the Law means the preaching of the Lotus Sutra, or the preaching of Nam-myoho-renge-kyo in particular.

The first *shi* of the word *shishi,* or "lion" [which means "teacher"], is the Wonderful Law that is passed on by the teacher. The second *shi* [which means "child"] is the Wonderful Law as it is received by the disciples. The "roar" is the sound of the teacher and the disciples chanting in unison.

The verb *sa,* "to make" or "to roar," should here be understood to mean to initiate or to put forth. It refers to the initiating of Nam-myoho-renge-kyo in the Latter Day of the Law.

語句の解説

The Record of the Orally Transmitted Teachings 「御義口伝」の英訳。直訳すれば「口頭で伝えられた教えの記録」／Point Five 法華経勧持品第13についての御義口伝・全13項目のうち、「第五」の意／on the words "to roar the lion's roar"「作師子吼」(師子吼をなす)という言葉について。「作師子吼の事」の訳／roar the lion's roar 最初のroarは「(猛獣が)ほえる」という動詞、後のroarは「ほえ声」という名詞／preach 説く(preaching 説くこと)／the preaching of the Law 説法＝法を説くこと／in particular なかんずく。「別しては」の訳／「師子」(後に「獅子」と書くようになった) これをローマ字で書くとshishiとなり区別がつかないので、the first *shi*(英語では外来語はふつう斜字体＝イタリックにする)とthe second *shi* に分けて、字義を［which means "teacher"］と［which means "child"］として示した。この［　］はbracketsといい、英文では原文にない言葉を補足する場合に用いる。「師子」の「子」は「弟子」に配されているが、「子」の字義はchildである／the Wonderful Law 妙法／pass ～ on (to one)(人に)…を伝える／disciple 弟子／chant 唱える／in unison 声を合わせて、和合して／initiate (事を)始める、起こす／put forth 提起する、公(おおやけ)にする／refer to ～ 言及する、指示する ★refersの主語のItはThe verb *sa*(「作」という動詞)を受け、それは南無妙法蓮華経を説き起こすこと(the initiating of)を言うとの意味／the Latter Day of the Law 末法

コラム 御書に見る歴史のことば

　御書「王舎城事」では、「鎌倉幕府」のことを「御所」(the ruler's palace) と呼んでいる。これが当時、用いられていた言葉である。

　大聖人が良観房忍性を「両火房」と呼び、その謗法を責められている一節に「御所」が出てくる。原文と英訳を見てみよう。

「名と申す事は体を顕し候に両火房と申す謗法の聖人・鎌倉中の上下の師なり、一火は身に留りて極楽寺焼て地獄寺となりぬ、又一火は鎌倉にはなちて御所やけ候ぬ」

(御書全集1137㌻)

A name reveals the essence of a thing. The slanderous sage, Priest Two Fires, is the teacher of people high and low throughout Kamakura. One of the two fires was concentrated on his own grounds, reducing Gokuraku-ji [Paradise Temple] to Jigoku-ji [Hell Temple]. The other fire leaped over to devour the ruler's palace. (vol. 1, p. 488)

「両火房」の英訳 Priest Two Fires について、次の注がある。

*Reference is to Ryōkan, chief priest of Gokuraku-ji temple. In a play on words, the Daishonin changes the name Ryōkan-bō (Priest Ryōkan) to Ryōka-bō, which means Priest Two Fires. (vol. 1, p. 490)

コラム欄において (vol. 1, p.) とあるものは『英訳御書』の巻数・ページ数を示す。

⑨ 寂日房御書

御書全集903㌻7行目〜9行目

　かかる者の弟子檀那とならん人人は宿縁ふかしと思うて日蓮と同じく法華経を弘むべきなり、法華経の行者といはれぬる事はや不祥なり　まぬかれがたき身なり

　このような日蓮の弟子や檀那となる人々は、宿縁が深いと思って、日蓮と同じく法華経を広めるべきである。法華経の行者と言われるようになったことは、もはや不運なことであり、免れ難い身である。

⑨ Letter to Jakunichi-bō

— *The Writings of Nichiren Daishonin*, vol. 1, p. 994

Therefore, those who become Nichiren's disciples and lay believers should realize the profound karmic relationship they share with him and spread the Lotus Sutra as he does. Being known as a votary of the Lotus Sutra is a bitter, yet unavoidable, destiny.

語句の解説

Letter to Jakunichi-bō 寂日房宛ての手紙。「寂日房御書」の訳。この題名が伝統的に使われてきたが、本抄の末尾に「此の事寂日房くわしくかたり給へ」(903ページ) Jakunichi-bō, please convey all these teachings to that believer. (vol. 1, p. 994) とあり、在家の門下と思われる人への手紙を寂日房に託されたものである。that believer が誰であるかは、手紙では明示されていない / letter 手紙 / disciple 弟子 / lay believer 在家の信徒。「檀那」の訳。lay（形容詞）は（出家に対して）「在家の」、（専門分野について）「素人の」の意味で使われる / realize 実感する、十分に理解する / profound 深い / karmic relationship 宿縁（過去世の縁〈＝関係性〉）。karmic は karma（宿業）の形容詞 / share with ～ …と分かち合う、共にする / the karmic relationship [that] they share with him 弟子と檀那が彼（日蓮）と分かち合う過去世の関係（宿縁）/ spread 広める / the Lotus Sutra 法華経 / as he does 彼（日蓮）が広めるように。「日蓮と同じく」の訳。does は spreads の代動詞で、spreads の繰り返しを避けるために用いられている / known as ～ …として知られる。「といはれぬる」の訳 / a votary of the Lotus Sutra 法華経の行者 / bitter つらい。bitter は difficult to bear (MWU) 耐えがたいの意 / unavoidable 避けられない / destiny 運命 / a bitter, yet unavoidable, destiny 厳しいが避けることのできない運命。大聖人は弟子たちに不退の信心と覚悟を訴えられている。

⑩ 種種御振舞御書しゅじゅおふるまい

御書全集911㌻1行目～3行目

わたうども二陣三陣つづきて迦葉・阿難にも勝ぐれ天台・伝教にもこへよかし、わづかの小島のぬしらがをどさんを・をぢては閻魔王のせめをばいかんがすべき、仏の御使と・なのりながら・をくせんは無下の人人なりと申しふくめぬ

　わが一門の者たちは、二陣、三陣と続いて、迦葉や阿難にも勝れ、天台や伝教をも超えなさい。わずかばかりの小島である日本の国主らが脅すのを恐れては、閻魔王の責めをどうするというのか。仏のお使いであると名乗りをあげておきながら臆するのは、話にもならない人々である。こう、弟子たちに申し含めたのである。

⑩ The Actions of the Votary of the Lotus Sutra

— *The Writings of Nichiren Daishonin*, vol. 1, p. 765

My disciples, form your ranks and follow me, and surpass even Mahākāshyapa or Ānanda, T'ien-t'ai or Dengyō! If you quail before the threats of the ruler of this little island country [and abandon your faith], how will you face the even more terrible anger of Yama, the lord of hell? If, while calling yourselves the Buddha's messengers, you give way to fear, you will be the most despicable of persons!

action 振る舞い、行為 / the votary of the Lotus Sutra 法華経の行者。日蓮大聖人を指しているので、定冠詞 the が付いている / The Actions of the Votary of the Lotus Sutra「種種御振舞御書」の訳。文字通りには「法華経の行者の振る舞い」/ disciple 弟子。My disciples,「わが弟子たちよ」という呼びかけ。「わたうども（和党共）」の訳。「わたう」は目下の者、親しい者に用いる２人称代名詞。「君たち」「おまえたち」/ form 形成する、つくる / rank 列、横列 / follow 〜 …に続く / form your ranks and follow me

「二陣三陣つづきて」の訳。直訳すれば「隊列を組んで私に続きなさい」/ surpass 超える、まさる / even 〜 …にさえも ★even は副詞であるが、名詞・代名詞も修飾して強調の気持ちを表す / Mahākāshyapa 摩訶迦葉（マハーカーシャパ）、迦葉 / Ānanda 阿難（アーナンダ）/ T'ien-t'ai（現在はピンインで Tiantai と表記されることが多い）天台 / Dengyō 伝教 / quail before 〜 …の前でひるむ、おじける / threat 脅し / ruler 支配者 / island 島 / this little island country この小さな島国。原文は「小島」だが、日本のことであるから「この小さな島国」と英訳 / abandon 放棄する、捨てる / faith 信仰 /［and abandon your faith］御書本文にはないが、意味を補うために入れた。「をどさんを・をぢては」には、脅しを恐れて信仰を捨てる意味が含まれているから / face 〜 …に立ち向かう / how will you face 〜? あなたたちはどのように…に立ち向かうのだろうか / the even more terrible さらに恐ろしい。even は次にくる比較級（more terrible）を強める。the が付いているのは、前述の the threats of the ruler との比較を表す / anger 怒り / Yama 閻魔。サンスクリット（梵語）「ヤマ」の音を漢字で表した / lord 主。ruler と同意 / hell 地獄 / while 〜 一方で…でありながら / call oneself 〜 自身を…と称する / the Buddha's messenger 仏の使い / give way to 〜 …に負ける、ひるむ / fear 恐怖心 / the most despicable 最も卑しむべき / person 人間 / the most despicable of persons 人間の中の最も卑しむべきもの。「無下の人人」の訳。despicable は deserving hatred and contempt（POD）嫌悪と軽蔑に値するの意

コラム 門下の名前について

　日蓮大聖人の時代には、個人の名は、主君や親等の支配する立場の人が、家臣や家来、子どもを呼ぶ時のみに使われた。武士以上の階級の成人男性の場合、普通は、朝廷の官職を名誉職として得ているので、本人の官職で呼ばれた。同じ役職の人を区別する場合は、①父親の官職と②その何人目の息子かを示す太郎、次郎、三郎という呼称と③本人の官職の組み合わせで呼んでいた。

　たとえば、四条頼基は当時、中務三郎左衛門尉（なかつかさのさぶろうざえもんのじょう）と呼ばれていた。「中務」は父の官職の一部、「左衛門尉」は本人の官職である。「三郎」は三男を表す。苗字は「四条」、名は「頼基」である。したがって、現代では四条頼基と呼ばれる。では、「四条金吾」の名前は何に由来するかといえば、漢の武帝の時に、執金吾（しっきんご）という官名が定められ、武器をとって宮門を守り、非常を警戒することを掌（つかさど）らせた。この執金吾がわが国の左衛門府の職に当たることから、四条金吾の名が出たと考えられる。(「金吾」については諸橋轍次『大漢和辞典』を参照した)

　また、池上兄弟の兄・池上宗仲の場合は、右衛門太夫志（えもんのたゆうのさかん）と彼自身の官職で呼ばれていた。右衛門府の志の意で、「大夫」は「五位」の官位を与えられている者のこと。また南条時光の場合は、父も本人も官職がなかったので、祖父の七男である父の次男という意味で七郎次郎と呼ばれた。

⑪ 法華経題目抄

御書全集943㌻12行目～13行目

妙（みょう）と申（もう）す事（こと）は開（かい）と云（い）う事（こと）なり　世間（せけん）に財（たから）を積（つ）める蔵（くら）に鑰（かぎ）なければ開（ひら）く事かたし　開かざれば蔵の内（うち）の財（み）を見ず

　妙とは、開くということである。世間のたとえで言えば、財宝を積んである蔵も、鍵（かぎ）がなければ開くことはできない。開かなければ、蔵の中の財宝を見ることはできないのである。

⑪ The Daimoku of the Lotus Sutra

— *The Writings of Nichiren Daishonin*, vol. 1, p. 145

Hence the character *myō* means to open. If there is a storehouse full of treasures but no key, then it cannot be opened, and if it cannot be opened, then the treasures inside cannot be seen.

語句の解説

The Daimoku of the Lotus Sutra 法華経の題目。本抄の題名の訳 / hence ゆえに / character（漢字やアルファベットなどの）文字。the character *myō* は「妙」という漢字の意 / mean to open 開くことを意味する / if ～ もし…ならば（仮定・条件を表す）。次の then は in that case（その場合は）の意味で、最初の If ～ を受ける / storehouse 蔵、倉庫 / full of ～ …でいっぱいの / treasure 宝物、財宝 / a storehouse [that is] full of treasures 宝がぎっしりつまった蔵 / key 鍵 / If there is a storehouse . . . but [there is] no key 蔵はあっても、それを開く鍵がなければ / it cannot be opened 開くことができない / the treasures inside [the storehouse]（蔵の）中の宝 / cannot be seen 見ることができない

参考　動作主が不定の場合は受動態で表現

　If there is a storehouse の there は形式主語で、あとに真の主語（不特定の主語）がくる。ここでは a storehouse が真の主語であるから、それを it で受けて、it cannot be opened と受動態で訳している。最後の the treasures inside cannot be seen も同じく受動態に訳して、形を整えている。日本語は主語を必要としないから、「開く」「開かざれば」でも意味が通じるが、英訳では能動態で訳すと主語が必要になる。

⑫ 佐渡御書

御書全集957ページ8行目〜10行目

悪王の正法を破るに 邪法の僧等が方人をなして智者を失はん時は 師子王の如くなる心をもてる者必ず仏になるべし 例せば日蓮が如し、これおごれるにはあらず 正法を惜む心の強盛なるべし

　悪王が正法を破壊しようとするのに、邪法の僧たちがその味方をして、智者をなきものにしようとする時は、師子王の心を持つ者が必ず仏になるのである。例を挙げれば、日蓮である。これは、おごって言うのではない。正法を惜しむ心が強盛だからである。

⑫ **Letter from Sado**

— *The Writings of Nichiren Daishonin*, vol. 1, p. 302

When an evil ruler in consort with priests of erroneous teachings tries to destroy the correct teaching and do away with a man of wisdom, those with the heart of a lion king are sure to attain Buddhahood. Like Nichiren, for example. I say this not out of arrogance, but because I am deeply committed to the correct teaching.

Letter from Sado 佐渡からの手紙。「佐渡御書」の訳。これに対して、門下に与えられた御書、たとえば「寂日房御書」は Letter to Jakunichi-bō と訳される / evil 邪悪な / ruler 支配者 / in consort with 〜 …と連合して / priest 僧 / erroneous teachings 誤った教え。「邪法」の訳 / try to 〜（不定詞）…しようとする。try to = make an attempt to 〜（不定詞）/ destroy 壊す。物理的に破壊するだけでなく、reputation（評判）などを壊す場合にも使われる。「破る」の訳 / the correct teaching 正しい教え。「正法」の訳 / do away with 〜 …をなきものにする / a man of wisdom 智者 / those with the heart of a lion king 師子王の心を

持つ人々 ★ with は having の意味を表す前置詞。「師子王の如くなる心をもてる者」の訳 / be sure to ～（不定詞）必ず…する / attain Buddhahood 成仏する / Like Nichiren, for example. たとえば日蓮のように / out of ～ …から、…のために（動機を表す）/ out of arrogance おごりから / not out of A, but because B A からでなく、B であるから。A は副詞句、B は副詞節 / commit (oneself to) ～ …に献身する / be deeply committed to ～ …に深くかかわる、深く傾倒している

参考 「正法を惜む心の強盛なるべし」の英訳は？

「これおごれるにはあらず正法を惜む心の強盛なるべし」の御文について、通解では「正法を惜しむ心が強盛だからである」とあるが、英訳は because I am deeply committed to the correct teaching. となっている。

　一見すると、意味が異なるように見えるが、日本語の「惜しむ」は、ここでは、大切に思う、尊重する、の意味である。一方、英語の commit oneself to ～は…に献身するの意味であり、commit oneself to を be committed to と受動態の形にしている。この英語表現は、the correct teaching（正法）に懸ける強い覚悟を示している。正法を破る悪王と邪法の僧等の迫害と戦えるのはなぜか、いわばその理由を述べた文章と考えられる。英訳は、その意味を十分伝えている。

コラム 竜とドラゴン

　アメリカの神話学者 Joseph Campbell によると、西洋のドラゴン（the dragon of Western tales）は、何でもかんでも集めて自分のものとし、それを使って何かをするのでもなく、ただため込んでいるという、貪欲さ（greed）を表している。それに比べて、中国の竜（the Chinese dragon）は、沼地の生命力（the vitality of swamps）を表し、大量の水を生じさせる a lovely kind of dragon（愛すべき dragon）であると述べている。

　西洋には、ドラゴン退治（dragon killings）の物語も多い。

『英訳御書』でも、dragon が使われている。それは the Chinese dragon のことであるが、頻繁に出るので、Chinese dragons としないで、単に dragons と訳している。
「天竜雨を降さず」（御書全集18㌻）The heavenly beings and dragons will no longer send down rain.（vol. 1, p. 8）とあるように、竜は雨を降らすと信じられていた。また、「竜神」（dragon deities）とも呼ばれている。火を吐くとも言われ、「竜火」（dragon fire）という言葉も出ている。

⑬ 四菩薩造立抄
　　　　し　ぼ　さつ ぞう りゅう しょう

御書全集 989ページ 11 行目～ 12 行目

　総じて日蓮が弟子と云って法華経を修行せん人人は日蓮が如くにし候へ、さだにも候はば釈迦・多宝・十方の分身・十羅刹も御守り候べし

〈通解〉

　総じて日蓮の弟子と言って、法華経を修行する人々は、日蓮のようにしなさい。そうするならば、釈迦仏、多宝仏、十方分身の諸仏、十羅刹女も必ず守護されるであろう。

⑬ On Establishing the Four Bodhisattvas as the Object of Devotion

— *The Writings of Nichiren Daishonin*, vol. 1, p. 978

Those who call themselves my disciples and practice the Lotus Sutra should all practice as I do. If they do, Shakyamuni, Many Treasures, Shakyamuni's emanations throughout the ten directions, and the ten demon daughters will protect them.

語句の解説

establish 確立する、設立する(to found, buildと同意)。establishing A as B　AをBとして確立すること / bodhisattva 菩薩 / the four bodhisattvas 四菩薩。上行菩薩(Superior Practices Bodhisattva)、無辺行菩薩(Infinite Practices Bodhisattva)、浄行菩薩(Pure Practices Bodhisattva)、安立行菩薩(Firmly Established Practices Bodhisattva)。地涌の菩薩(the Bodhisattvas of the Earth)の4人のリーダーをいう / object of devotion 信仰の対象。「本尊」の訳 / Those who call themselves my disciples 自分が私(日蓮)の弟子であると名乗る人々。call A B　AをBと呼ぶ / disciple 弟子 / practice 実践する、修行する / should all practice as I do のas I doはas I practiceの意味。doはpracticeの代動詞で、「私(日蓮)が修行するように、修行すべきである」となる。★この文のallの使い方について、Collinsはan emphasizing pronoun(強調代名詞)として、次の用例を挙げている。We all admire professionalism and dedication.(われわれは皆、プロ根性と献身ぶりを称讃する)。次のIf they doは、If they practice as I doを簡潔に表現している。つまり、「私が修行するように修行するならば」の意 / the Lotus Sutra 法華経 / Shakyamuni 釈迦牟尼(む)、釈尊(に)(しゃくそん) / Many Treasures 「多宝」の訳 / emanation 流出したもの。「分身」の訳 / the ten directions 十方。全宇宙の意味 / the ten demon daughters 「十羅刹女」の訳 / protect 守る

⑭ 転重軽受法門

御書全集1000㌻題号の左から3行目～4行目

涅槃経に転重軽受と申す法門あり、先業の重き今生につきずして未来に地獄の苦を受くべきが 今生にかかる重苦に値い候へば 地獄の苦みぱっときへて死に候へば 人天・三乗・一乗の益をうる事の候

涅槃経に「転重軽受（重きを転じて軽く受く）」という法門がある。宿業が重く、今のこの一生に尽きないで、未来世に地獄の苦しみを受けなければならないところが、今のこの一生でこのような重い苦しみにあったので、地獄の苦しみがぱっと消えて、死んだら、人・天や声聞・縁覚・菩薩の三乗、一仏乗の利益を得ることがあるのである。

⑭ Lessening One's Karmic Retribution

— *The Writings of Nichiren Daishonin*, vol. 1, p. 199

The Nirvana Sutra teaches the principle of lessening one's karmic retribution. If one's heavy karma from the past is not expiated within this lifetime, one must undergo the sufferings of hell in the future, but if one experiences extreme hardship in this life [because of the Lotus Sutra], the sufferings of hell will vanish instantly. And when one dies, one will obtain the blessings of the human and heavenly worlds, as well as those of the three vehicles and the one vehicle.

lessen 軽減させる / one ある不特定の人。anyone in a general way「一般的に人というもの(は)」という意味。one's は one の所有格。意味は「人の」/ karmic 宿業の、宿業による。karma（業・宿業）の形容詞 / retribution 応報、報い / Lessening One's Karmic Retribution 本抄の題名「転重軽受法門」の訳。文字通りには「宿業の報いを軽減させること」/ the Nirvana Sutra 涅槃

経。「涅槃」はサンスクリット（梵語）の「ニルヴァーナ」の音写語である / teach 説く。impart the knowledge of（MWU）の意味。和訳すれば「涅槃経には…が説かれている」/ principle 法則、原理。the principle of lessening one's karmic retribution「転重軽受の法門」/ heavy karma 重い宿業 / from the past 過去（世）からの / expiate （罪などを）償う、あがなう、消滅させる / within this lifetime 今世のうちに / lifetime 生涯、人生 / must 〈義務〉…しなければならない、〈推量〉…に違いない。ここでは前者の意 / undergo 〜 …を経験する、こうむる。be subjected to, endure と同意 / suffering 苦しみ / the sufferings of hell 地獄で受ける苦しみ / in the future 来世において。一般的には「未来において」だが、ここでは「未来世」を意味する / experience 〜 …を体験する / extreme 極端な / hardship 苦しみ、苦難 / in this life 今世で / [because of the Lotus Sutra] 法華経のために。これは原文にないが、意味を補足したので [ ] に入れてある / vanish 消える / instantly すぐに / obtain 得る / blessings 功徳 / the human and heavenly worlds （十界の中の）人界（the human world）と天界（the heavenly world）/ as well as 〜 および…、加えて…も / vehicle 乗り物。仏教では「覚りを得させるための教え」の意に用いられる。また、その境地を表す。the Buddha vehicle 仏乗（仏になるための教え、仏界）/ the three vehicles 三乗。声聞界、縁覚界、菩薩界の三つをいう / the one vehicle 一乗（一仏乗）。仏界のこと。十界の名称とその英訳については、次ページを参照

参考 「十界」(the Ten Worlds) の名称と英訳

① 地獄界（the world of hell）
② 餓鬼界（the world of hungry spirits）
③ 畜生界（the world of animals）
④ 修羅界（the world of asuras）
⑤ 人　界（the world of humanity）
⑥ 天　界（the world of heaven）
⑦ 声聞界（the world of voice-hearers）
⑧ 縁覚界（the world of cause-awakened ones）
⑨ 菩薩界（the world of bodhisattvas）
⑩ 仏　界（the world of Buddhahood）

★ asura（アスラ）と bodhisattva は、サンスクリット（梵語）を英語表記にしたもの。voice-hearer は「(仏の)声を聞く人」。cause-awakened one は「縁によって覚った人」の意味。

十界の各界が示す境涯（生命の状態）を表現する言葉として、次の英訳が用いられることもある。

① 地獄界　the world of Hell
② 餓鬼界　the world of Hunger
③ 畜生界　the world of Animality
④ 修羅界　the world of Anger
⑤ 人　界　the world of Humanity
⑥ 天　界　the world of Rapture（Joy）
⑦ 声聞界　the world of Learning

転重軽受法門

⑧縁覚界　the world of Realization
⑨菩薩界　the world of Bodhisattva
⑩仏　界　the world of Buddhahood

また、十界はさまざまなカテゴリーに分類される。
①から③までを「三悪道」(the three evil paths) という。
①から④までを「四悪趣」(the four evil paths) という。
①から⑥までを「六道」(the six paths) という。
①から⑨までを「九界」(the nine worlds) という。
⑦と⑧を「二乗」(the two vehicles) という。
⑦から⑨までを「三乗」(the three vehicles) という。
⑩を「一(仏)乗」(the one [Buddha] vehicle) という。

コラム ネットで『英訳御書』が読める!!

　インターネットでNichiren Buddhism Library ［http://www.nichirenlibrary.org/en/］で検索すると、次の4種類の英文書籍を閲覧し、かつ知りたい事柄を検索することができます。英語のサイトであり、海外でも広く利用されています。

　The Writings of Nichiren Daishonin, vols. 1 & 2
　The Lotus Sutra and Its Opening and Closing Sutras
　The Record of the Orally Transmitted Teachings
　The Soka Gakkai Dictionary of Buddhism

日本語のタイトルは以下のとおりです。

『英訳御書』
『妙法蓮華経並開結』
「御義口伝」
『創価学会版仏教辞典』（日本語出版はなく、英語で出版）

　本書に紹介されている御書の一節を検索するには、トップ画面のSelect Bookでプルダウンメニューから WND-1を選択し、その右側にキーワードを入力して「検索」をクリックするだけ。

　それで、選んだ単語を含むすべての情報が一覧で表示され、その中から該当する文章を選んでクリックすれば、その文章を含む御書の1編が表示されます。

⑮ 曾谷殿御返事（成仏用心抄）

御書全集1056㌻13行目〜15行目

此法門を日蓮申す故に　忠言耳に逆う道理なるが故に　流罪せられ命にも及びしなり、然どもいまだこりず候　法華経は種の如く仏はうへての如く衆生は田の如くなり

〈通解〉

この法門を日蓮が説くので、「忠言は耳に逆らう」というのが道理であるから、流罪にされ、命の危険にも及んだのである。しかしながら、いまだ懲りてはいない。法華経は種のようであり、仏は植え手のようであり、衆生は田のようである。

⑮ The Essentials for Attaining Buddhahood

— *The Writings of Nichiren Daishonin*, vol. 1, p. 748

Because I have expounded this teaching, I have been exiled and almost killed. As the saying goes, "Good advice grates on the ear." But still I am not discouraged. The Lotus Sutra is like the seed, the Buddha like the sower, and the people like the field.

語句の解説

essentials for ～ …に不可欠なもの / attaining Buddhahood 成仏（すること）/ The Essentials for Attaining Buddhahood 本抄の別名「成仏用心抄」の訳 / because ～ …ので。理由を示す従属節を導く。★becauseは主節の前にも出るが、同じく理由を示す接続詞forは常に主節の後に来る。〈例文〉We believe that he will succeed, for he has talent.（MWU）（彼はきっと成功する。才能があるから）/ expound（教義などを）詳細に説く / this teaching「此法門」の訳。ここでは法華経を指す / exile 追放する、流刑にする / almost ～ もう少しで…になる / As the saying goes, ことわざにもあるように / advice 忠告 / grate on ～ …に不快感を与える。grate on the ear 耳障りである。grate on one's nerves 神経に障る / Good advice grates on the ear.「忠言耳に逆う」の訳 / still まだ、いまだ ★ここでは否定の状態が続いていることを強調する副詞 / be discouraged 落胆する、元気をなくす / the Lotus Sutra 法華経 / like ～ …のような / seed 種 / Buddha 仏 / sower 種をまく（植える）人。sow（種を）まく（動詞）/ people 人々、衆生 / field 田、畑 / the Buddha [is] like the sower, and the people [are] like the field のisとareが省略されている。

⑯ 兄弟抄

御書全集1087ｐ 15行目～18行目

此の法門を申すには必ず魔出来すべし 魔競はずは正法と知るべからず、第五の巻に云く「行解既に勤めぬれば三障四魔紛然として競い起る乃至随う可らず畏る可らず 之に随えば将に人をして悪道に向わしむ 之を畏れば正法を修することを妨ぐ」等云云、此の釈は日蓮が身に当るのみならず門家の明鏡なり 謹んで習い伝えて未来の資糧とせよ

　この法門を説けば、必ず魔が現れる。魔が競い起こらなければ、正法であると知ることはできない。『摩訶止観』の第5の巻には、「修行が進み、理解が深まれば、三障四魔が入り乱れて競い起こる。(中略)だが、これに随ってはならない。畏れてはならない。これに随えば、まさに人を悪道に向かわせる。これを畏れるならば、正法を修行することの妨げとなる」等と書かれている。この釈は、日蓮の身に当てはまるばかりでなく、日蓮門下の明鏡である。謹んで習い伝えて、未来にわたる信心の糧とすべきである。

⑯ Letter to the Brothers

— *The Writings of Nichiren Daishonin*, vol. 1, p. 501

If you propagate it, devils will arise without fail. If they did not, there would be no way of knowing that this is the correct teaching. One passage from the same volume reads: "As practice progresses and understanding grows, the three obstacles and four devils emerge in confusing form, vying with one another to interfere . . . One should be neither influenced nor frightened by them. If one falls under their influence, one will be led into the paths of evil. If one is frightened by them, one will be prevented from practicing the correct teaching." This statement not only applies to me, but also is a guide for my followers. Reverently make this teaching your own, and transmit it as an axiom of faith for future generations.

語句の解説

Letter to the Brothers 本抄の題名「兄弟抄」の訳。文字通りには「兄弟への手紙」。the Brothers は本抄をいただいた池上兄弟のこと / if 〜 仮定・条件を表す / propagate 広める、伝える。propagate it の it は「一念三千の法門」(the doctrine of three thousand realms in a single moment of life) を指す / devil 魔 / arise 起こる、現れる / without fail 必ず / If they did not [arise], there would be no way of knowing that 〜 それら(魔)が起こらなければ、…であることを知る方法がないことになる。★仮定法過去で、「魔が起きないということはまずあり得ないが、もし魔が起きないとしたら」という仮定を表す。There is no way of 〜 ing は…する手だてはない、という意味で使われるが、ここでは仮定法で there would be となっている / the correct teaching 正しい教え。「正法」の訳 / One passage from the same volume 同じ巻(本抄に前出の『摩訶止観』第 5 の巻を指す)の一節 / read 〜 …と書いてある / practice 実践。「行」の訳 / progress 進む / understanding 理解。「解」の訳 / grow 増す / the three obstacles and four devils 三障四魔。文字通りには「三つの障害と四つの魔」/ emerge 現れる / in confusing form 紛らわしい形で / vying vie(競う)の現在分詞 / vying with one another (to do) (…することを)互いに競いながら / interfere 妨げる、邪魔をする / neither A nor B A でも B でもない / be influenced 影響される / be frightened 恐れる / One should be neither influenced nor frightened by them. それらに左右されてもいけないし、恐れてもいけない / fall under their influence それらの影響を受ける / led　lead（…を導く）の過去分詞 / the paths of evil 悪道 / be led into the paths of evil 悪道に導かれる / prevent（a person）from 〜 ing （人が）…するのを妨げる / practicing the correct teaching 正法を実践するのを（妨げる）/ this statement この説明、この言葉。「此の釈」の訳 / not only A but also B　AだけでなくBも / apply to 〜 …に当てはまる / guide 指針。「明鏡」の訳 / follower 信奉者。「門家」の訳 / reverently 謹んで / make 〜 one's own …を自分自身のものにする / make this teaching your own この教えを自分のものにしなさい / transmit 伝える / as an axiom of faith 信仰上の指針として / future generations 未来の世代

参考　「三障四魔」の名称と英訳

「三障」… 煩悩障（the obstacle of earthly desires）
　　　　業　障（the obstacle of karma）
　　　　報　障（the obstacle of retribution）
「四魔」… 陰　魔（the hindrance of the five components）
　　　　煩悩魔（the hindrance of earthly desires）
　　　　死　魔（the hindrance of death）
　　　　天子魔（the hindrance of the devil king）

　天子魔は「第六天の魔王」（the devil king of the sixth heaven）ともいう。

⑰ 兄弟抄

御書全集1088㌻16行目～18行目

設(たと)ひ・いかなる・わづら(煩)はしき事(こと)ありとも夢(ゆめ)になして 只法華経(ただほけきょう)の事のみさはくらせ給(たま)うべし、中(なか)にも日蓮(にちれん)が法門(ほうもん)は古(いにし)へこそ信(しん)じかたかりしが 今(いま)は前前(さきざき)いひをきし事既(すで)にあひ(合)ぬればよしなく(由)謗(ぼう)ぜし人人(ひとびと)も悔(くゆ)る心(こころ)あるべし、設(たと)ひこれより後(のち)に信ずる男女(なんにょ)ありとも 各各(おのおの)にはかへ(替)思(おも)ふべからず

 通解

　たとえ、心を煩(わずら)わせる、どのような苦難があったとしても、夢と思って、ただ法華経のことだけに専念していきなさい。なかでも日蓮の法門は、以前には信じることが難しかったが、今は前々から言っておいたことが的中しているので、理由もなく誹謗(ひぼう)した人々も、悔いる心が起きているであろう。たとえ、これより後に信仰する男女があっても、あなたがたに代えて思うことはできない。

Letter to the Brothers

⑰ Letter to the Brothers

— *The Writings of Nichiren Daishonin*, vol. 1, p. 502

Whatever trouble occurs, regard it as no more than a dream, and think only of the Lotus Sutra. Nichiren's teaching was especially difficult to believe at first, but now that my prophecies have been fulfilled, those who slandered without reason have come to repent. Even if in the future other men and women become my believers, they will not replace you in my heart.

Letter to the Brothers タイトルについては 62㌻「語句の解説」を参照 / whatever ～ どんな…でも（譲歩節を導く）/ trouble 困難、災難、心配事 / occur 起こる / regard A as B　A を B とみなす / no more than a dream 夢にすぎない / think only of ～ …のことだけを思う / the Lotus Sutra 法華経 / teaching 教え、法門 / especially 特に、とりわけ / difficult to believe 信じることが難しい / now that ～ …であるから。in view of the fact that, since の意 ★この now は接続詞で、Now he is better, he can return to school.（MWU）（彼はよくなったから、復学でき

る）などと使われるが、now that の形が多用される / prophecies（prophecy の複数形）予言 / be fulfilled（予言などが）実現する、当たる / those who ~ …する（…した）人たち / slander 誹謗する、中傷する / without reason 理由もなく / come（不定詞を伴って）…するようになる。reach a particular state or condition（MWU）〈例文〉have come to believe, have come to be used / come to repent 後悔するようになる / even if ~ たとえ…でも / other 他の / men man（男性、男）の複数形 / women と対で用いている / believer 信じる人、信奉者 / replace ~ …に（取って）代わる。take place of ~ と同意 / in my heart 私の心の中で /「各各にはかへ思ふべからず」は、「（彼らが）私の心の中であなた方にとってかわることはないだろう」と訳されている。

⑱ 兵衛志殿御返事（鎌足造仏事）

各各は二人は・すでにとこそ人はみしかども・かくいみじくみへさせ給うは・ひとえに釈迦仏・法華経の御力なりと・をぼすらむ、又此れにもをもひ候、後生のたのもしさ申すばかりなし、此れより後も・いかなる事ありとも・すこしもたゆむ事なかれ、いよいよ・はりあげてせむべし

〈通　解〉

　あなた方二人は、もはや退転してしまうのではないかと人は見ていたけれども、このように立派に信心を貫いておられるのは、ひとえに釈迦仏・法華経の御力であると思っておられることでしょう。私もそう思っています。後生のたのもしさは言うまでもありません。これから後も、いかなることがあろうとも、少しも心に油断があってはなりません。いよいよ強く謗法を責めていきなさい。

⑱ Kamatari Suggests the Fashioning of a Buddha Image

— *The Writings of Nichiren Daishonin*, vol. 2, p. 597

People have regarded the two of you as surely having already yielded, but you have acted in an admirable manner. You probably think this is solely due to the power of Shakyamuni Buddha and the Lotus Sutra. I believe this also. No words can express the promise of your next existence. From now on too, no matter what may happen, you must not slacken in the least. You must raise your voice all the more and admonish [those who slander].

Kamatari Suggests the Fashioning of a Buddha Image 本抄の別名「鎌足造仏事(かまたりぞうぶつのこと)」の訳。文字通りには「(藤原)鎌足が仏像を造るよう進言する」/ fashion (材料を使って何かを)つくる / Buddha image 仏像 / regard A as B　AをBとみなす / surely きっと / yield 屈伏する、負ける / as surely having already yielded すでに屈伏した(＝退転した)ものと(みなす) / act in an admirable manner 立派な態度で行動する。「いみじくみへさせ給う」の訳 / solely もっぱら / due to 〜 …による、…のおかげで / Shakyamuni Buddha 釈迦仏 / the Lotus Sutra 法華経 / I believe this also. 私もそう思っています。「此れにも（＝私も）をも（思）ひ候」の訳 / No words can express どんな言葉も言い表すことができない。★英語では否定の言葉が前に出る傾向がある。この英文を和訳する場合は、Any words cannot express と考えればよい / the promise of your next existence 次の生で何か良いことが起きるたのもしさ、来世が安穏である見込み。「後生（＝来世）のたのもしさ」の訳 / no matter what may happen 何が起きても / must not 〜 in the least 少しも…してはならない / slacken ゆるむ。「たゆむ」の訳 / raise one's voice 声をはりあげる / all the more なお一層。「いよいよ」の訳 / admonish 諫める、さとす / those who slander （法を）誹る者たち、謗法の者。原文にはないので［　］に入っている。

⑲ 兵衛志殿御返事（三障四魔事）

御書全集1091㌻15行目〜16行目

　しをのひると・みつと 月の出づると・いると・夏と秋と冬と春とのさかひには必ず相違する事あり 凡夫の仏になる又かくのごとし、必ず三障四魔と申す障いできたれば 賢者はよろこび愚者は退くこれなり

　潮が引く時と満ちる時、月の出る時と入る時、また、夏と秋と冬と春との季節の境目には、必ずそれまでとは相違する事がある。凡夫が仏になる時も、また同じである。必ず三障四魔という妨げが出てくるが、その時、賢者は喜び、愚者は退くのである。

⑲ The Three Obstacles and Four Devils

— *The Writings of Nichiren Daishonin*, vol. 1, p. 637

There is definitely something extraordinary in the ebb and flow of the tide, the rising and setting of the moon, and the way in which summer, autumn, winter, and spring give way to each other. Something uncommon also occurs when an ordinary person attains Buddhahood. At such a time, the three obstacles and four devils will invariably appear, and the wise will rejoice while the foolish will retreat.

obstacle 障害 / devil 魔 / The Three Obstacles and Four Devils 本抄の別名「三障四魔事（さんしょうしまのこと）」の訳 / definitely 確実に / something extraordinary 通常とは異なっている何か。something や anything はその後に形容詞が付く / ebb 引き潮 / flow 満ち潮 / tide 潮流 / the ebb and flow of the tide 潮の満ち引き。「しをのひると・みつ」の訳 / rising（太陽・月などが）昇ること / setting（同じく）沈むこと / the way 物事が起きるさま（manner of happening）★三つ以上の言葉をandでつなぐ場合、commaの付け方に2通りがある。（1）A, B, and Cと（2）A, B and Cである。『英訳御書』では（1）の方式を採用している。これはthe Oxford commaともいわれる／give way to each other 交互に変わる、移る／something uncommon 普通ではない何か。前述のsomething extraordinaryを言い換えて、「又かくの如し」（凡夫が仏になる時もまた同じである）の意味を明確にしている／also もまた、同様に／occur 起こる／ordinary person 普通の人。「凡夫」の訳／attain 到達する／Buddhahood 仏界、仏の境涯／attain Buddhahood 成仏する／At such a time このような時に／invariably 必ず、常に。alwaysと同意／appear 現れる／the wise 賢者。「the＋形容詞」で普通名詞的に使われる。次に出てくるthe foolish（愚者）も同じで、ここではthe wiseと対になっている／rejoice 喜ぶ／while～ 接続詞で「(ところが)一方…」と対照を表す節が続く／retreat 退(しりぞ)く

コラム　心に留めておきたい要文(1)

◆ 悦（よろこ）しきかな　汝（なんじ）蘭室（らんしつ）の友に交（まじ）わりて麻畝（まほ）の性（しょう）と成る（31㌻）

How gratifying! You have associated with a friend in the orchid room and have become as straight as mugwort growing among hemp. (p. 23)

◆「過去の因を知らんと欲せば其の現在の果を見よ　未来の果を知らんと欲せば其の現在の因を見よ」（231㌻）

"If you want to understand the causes that existed in the past, look at the results as they are manifested in the present. And if you want to understand what results will be manifested in the future, look at the causes that exist in the present." (p. 279)

◆ 詮（せん）ずるところは天もすて給え　諸難にもあえ　身命を期（ご）とせん（232㌻）

This I will state. Let the gods forsake me. Let all persecutions assail me. Still I will give my life for the sake of the Law. (p. 280)

◆ 王地に生れたれば　身をば随えられたてまつるやうなりとも　心をば随えられたてまつるべからず（287㌻）

Even if it seems that, because I was born in the ruler's domain, I follow him in my actions, I will never follow him in my heart. (p. 579)

要文コラム欄において（　㌻）とあるものは『御書全集』のページ数、(p.) は『英訳御書』第1巻のページ数を示す。同第2巻の引用は vol. 2 と記し、英訳『御義口伝』は OTT と略記した。

⑳ 四条金吾殿御返事（煩悩即菩提御書）

御書全集1117㌻18行目～1118㌻2行目

　法華経の信心を・とをし給へ・火をきるに・やすみぬれば火をえず、強盛の大信力をいだして法華宗の四条金吾・四条金吾と鎌倉中の上下万人 乃至日本国の一切衆生の口にうたはれ給へ

通解

　法華経の信心を貫き通しなさい。火を起こすのに、途中で休んでしまえば火を得ることができない。強盛な大信力を出して、法華宗の四条金吾、四条金吾と、鎌倉中の上下万人をはじめとして、日本国のすべての人の口に褒めたたえられていきなさい。

⑳ Earthly Desires Are Enlightenment

— *The Writings of Nichiren Daishonin*, vol. 1, p. 319

Carry through with your faith in the Lotus Sutra. You cannot strike fire from flint if you stop halfway. Bring forth the great power of faith, and be spoken of by all the people of Kamakura, both high and low, or by all the people of Japan, as "Shijō Kingo, Shijō Kingo of the Lotus school!"

earthly desires 世俗的な欲望、煩悩。「煩悩」の訳語には illusions, desires, defilements, impurities, earthly passions などもある / enlightenment 覚り。「菩提」の訳 / Earthly Desires Are Enlightenment 本抄の別名「煩悩即菩提御書」の訳（128ページ参照）/ carry through with ～ …をやり通す / faith in ～ …への信仰 / the Lotus Sutra 法華経 / strike fire 火を起こす / flint 火打ち石 / if you stop halfway もし途中でやめるならば / bring forth 引き出す、現す / the great power of faith 信仰の偉大な力。「大信力」の訳 / be spoken of 言われる、評判になる。その内容を示すのが as 以下の句 / all the people of Kamakura 鎌倉中の人々 / both high and low 身分の高い人も低い人も / the Lotus school 「法華宗」の訳。school は宗派の意味

㉑ 呵責謗法滅罪抄
かしゃくほうぼうめつざいしょう

御書全集1132㌻10行目～11行目

何なる世の乱れにも各各をば法華経・十羅刹・助け給へと湿れる木より火を出し乾ける土より水を儲けんが如く強盛に申すなり

〈通解〉

どのように世の中が乱れていても、あなた方のことを「法華経・十羅刹女よ、助け給え」と、湿った木から火を出し、乾いた土から水を得ようとする思いで、強盛に祈っているのである。

㉑ On Rebuking Slander of the Law and Eradicating Sins

— *The Writings of Nichiren Daishonin*, vol. 1, p. 444

I am praying that, no matter how troubled the times may become, the Lotus Sutra and the ten demon daughters will protect all of you, praying as earnestly as though to produce fire from damp wood, or to obtain water from parched ground.

語句の解説

rebuke いましめる、叱責(しっせき)する / slander 誹謗(ひぼう) / the Law 法。ここでは正法のこと / slander of the Law 謗法 / eradicate 完全に無くする / sin（道徳・宗教上の）罪 / On Rebuking Slander of the Law and Eradicating Sins 本抄の題名「呵責謗法滅罪抄」の訳。文字通りには、「謗法を責めて罪を滅することについて」/ pray that ～ …である（となる）ことを祈る / no matter how ～ どんなに…であっても / troubled 騒然(そうぜん)とした、ぶっそうな / the times 今の時代、今の世の中 / the Lotus Sutra 法華経 / the ten demon daughters 十羅刹（女）/ protect 守る / as earnestly as though to ～ あたかも…するかのように真剣に。as though は as if と同じ意味★このように不定詞を伴うことがある / produce fire 火を起こす / damp 湿った / wood 木材。woods と複数形になれば森林の意味 / obtain（努力して）得る / parched 乾いた / ground 土地 / 全体の文章の構造としては、(A) I am praying that ～ , (B) praying as earnestly as ～ （A）では祈りの内容を述べ、（B）ではどのように祈っているかを述べている。

呵責謗法滅罪抄　77

㉒ 四条金吾殿御返事（世雄御書）

御書全集1169㌻8行目〜9行目

　日蓮(にちれん)は少(わかき)より今生(こんじょう)のいのりなし 只仏(ただほとけ)にならんとをもふ計(ばか)りなり、されども殿(との)の御事(おんこと)をば・ひまなく法華経(ほけきょう)・釈迦仏(しゃかぶつ)・日天(にってん)に申(もう)すなり 其(そ)の故(ゆえ)は法華経の命(いのち)を継(つ)ぐ人(ひと)なればと思(おも)うなり

　日蓮は若い時から、自分自身の今生の繁栄(はんえい)を祈ったことはない。ただ仏になろうと祈るばかりである。しかし、あなた（四条金吾）の事は、いつも法華経、釈迦仏、日天子(し)に祈っている。なぜなら、あなたが法華経の命を継ぐ大事な人だと思うからである。

㉒ The Hero of the World

— *The Writings of Nichiren Daishonin*, vol. 1, p. 839

Since childhood, I, Nichiren, have never prayed for the secular things of this life but have single-mindedly sought to become a Buddha. Of late, however, I have been ceaselessly praying for your sake to the Lotus Sutra, Shakyamuni Buddha, and the god of the sun, for I am convinced that you are a person who can inherit the soul of the Lotus Sutra.

語句の解説

題名の The Hero of the World は、仏の別号である「世雄」の訳／ Since childhood, 幼少の頃から／ secular things 世俗のこと／ this life 今世／ single-mindedly 一心に／ sought seek の過去分詞。seek to ～（不定詞）…しようとする／ become a Buddha 仏になる、成仏する／ of late 最近、近頃／ ceaselessly 絶え間なく／ for one's sake (for the sake of ～の形もある) …のために／ the Lotus Sutra 法華経／ Shakyamuni Buddha 釈迦仏／ the god of the sun「日天」(日天子)の訳／ be convinced that ～ …であると確信している／ inherit 受け継ぐ／ the soul 魂、精神

四条金吾殿御返事（世雄御書）

㉓ 崇峻天皇御書（三種財宝御書）

御書全集1173㌻ 14行目～16行目

　中務三郎左衛門尉は主の御ためにも仏法の御ためにも世間の心ねもよかりけり・よかりけりと鎌倉の人人の口にうたはれ給へ、穴賢・穴賢、蔵の財よりも身の財すぐれたり　身の財より心の財第一なり

　中務三郎左衛門尉（四条金吾）は、主君のためにも、仏法のためにも、世間においての心がけも、立派であった、立派であったと、鎌倉の人々に称えられるようになりなさい。蔵の財よりも身の財がすぐれている。身の財よりも心の財が第一である。

㉓ The Three Kinds of Treasure

— *The Writings of Nichiren Daishonin*, vol. 1, p. 851

Live so that all the people of Kamakura will say in your praise that Nakatsukasa [no] Saburō Saemon-no-jō is diligent in the service of his lord, in the service of Buddhism, and in his concern for other people. More valuable than treasures in a storehouse are the treasures of the body, and the treasures of the heart are the most valuable of all.

The Three Kinds of Treasure 本抄の別名「三種財宝御書」の訳。文字通りには「三種の宝」/ Live so that 〜 …となるように生きていきなさい / all the people of Kamakura 鎌倉中の人々 / say in your praise あなたをほめて言う / be diligent in 〜 …に一生懸命に励む / the service of 〜 …に仕えること、貢献すること / lord 主君 / Buddhism 仏法 / concern for other people 他の人々に対する気遣い・思いやり / more valuable than 〜 …より価値がある / treasures in a storehouse 蔵の財・宝物 / the treasures of the body 身の財 / the treasures of the heart（信仰・誠意・真心など）精神的な財 / the most valuable of all すべての中で最高に

価値がある★この「三種の財」の中で、技術など身に付けるものは「身の財」として説明されることが多いが、英語では、それは「身の財」(the treasures of the body)ではなく、「心の財」(the treasures of the heart)の一部になる。日本語の「身」には、身体と自分自身・わが身の意味があり、「身に付く」「身になる」などの表現も多い。しかし、英語の body はそうした意味には使えない。

　参考　「身の財より心の財第一なり」の英訳について

この英訳で注意すべき点がある。

一つは、原文の「鎌倉の人人の口にうたはれ給へ」を Live so that all the people of Kamakura will say in your praise that ... と訳している。これは、単に「ほめられるようになりなさい」というより、「ほめられるような生き方をしなさい」と訳す方が、原文の意味に沿うと思われるからである。

次に、More valuable than treasures in a storehouse are the treasures of the body, とあるが、More valuable than B are A. は、A are more valuable than B. の変形である。これは、「蔵の財よりもすぐれているのが身の財である」であり、「身の財は蔵の財よりもすぐれている」という平板な表現になるのを免(まぬか)れている。

続いて、「身の財より心の財第一なり」とある。これには、比較級と最上級が混在している。英訳では最上級を用いて、and the treasures of the heart are the most valuable of all. としている。「蔵の財」も「身の財」も、「すべて (all)」の中に含まれている。

コラム 心に留めておきたい要文(2)

◆ 根ふかければ枝しげし 源遠ければ流ながし (329㌻)

The deeper the roots, the more prolific the branches. The farther the source, the longer the stream. (p. 736)

◆ 月は西より出でて東を照し 日は東より出でて西を照す 仏法も又以て是くの如し 正像には西より東に向い末法には東より西に往く (508㌻)

The moon appears in the west and sheds its light eastward, but the sun rises in the east and casts its rays to the west. The same is true of Buddhism. It spread from west to east in the Former and Middle Days of the Law, but will travel from east to west in the Latter Day. (p. 401)

◆ 大願とは法華弘通なり (736㌻)

The "great vow" refers to the propagation of the Lotus Sutra. (OTT, p. 82)

◆ 成は開く義なり (753㌻)

"Attain" [of attain Buddhahood] means to open or reveal. (OTT, p. 126)

◆ 悪を滅するを功と云い善を生ずるを徳と云うなり (762㌻)

The element *ku* in the word *kudoku* . . . . refers to the merit achieved by wiping out evil, while the element *toku* or *doku* refers to the virtue one acquires by bringing about good. (OTT, p. 148)

㉔ 崇峻天皇御書（三種財宝御書）

御書全集 1174㌻ 14行目～15行目

一代の肝心は法華経・法華経の修行の肝心は不軽品にて候なり、不軽菩薩の人を敬いしは・いかなる事ぞ　教主釈尊の出世の本懐は人の振舞にて候けるぞ

通解

釈尊一代の説法の肝心は法華経であり、法華経の修行の肝心は不軽品である。不軽菩薩が人を敬ったことは、どのような意味があるのだろうか。教主釈尊の出世の本懐は、人の振る舞いを示すことにあったのである。

㉔ The Three Kinds of Treasure

— *The Writings of Nichiren Daishonin*, vol. 1, pp. 851-52

The heart of the Buddha's lifetime of teachings is the Lotus Sutra, and the heart of the practice of the Lotus Sutra is found in the "Never Disparaging" chapter. What does Bodhisattva Never Disparaging's profound respect for people signify? The purpose of the appearance in this world of Shakyamuni Buddha, the lord of teachings, lies in his behavior as a human being.

〈語句の解説〉

The Three Kinds of Treasure 本抄の別名「三種財宝御書」の訳／heart 核心、肝心／the Buddha 仏陀(釈尊)／lifetime 生涯／the Buddha's lifetime of teachings 釈尊一代の教え／the Lotus Sutra 法華経／practice 修行／is found in 〜 …に見いだされる、…にある／disparaging 軽んじること。disparage（見くびる）の動名詞／the "Never Disparaging" chapter 不軽品。「不軽」とは「軽んじない」の意／Bodhisattva Never Disparaging 不軽菩薩。どんな人でも軽んじないので、この名前がつけられた／profound respect for 〜 …への深い敬意、…を深く敬ったこと／signify 意味する／purpose 目的。「本懐」の訳／appearance 出現／the appearance in this world of 〜 …がこの世に出現する（出現した）こと。The purpose 以下の英文は、The purpose for which Shakyamuni Buddha appeared in this world と言い換えることができる／Shakyamuni Buddha 釈尊／the lord of teachings 教主／lie （抽象的なものが）存在する（exist）、見いだされる。〈例文〉the solution lies in a return to traditional values（POD）（解決策は伝統的な諸価値に戻ることにある）／behavior as a human being 人間としての振る舞い

㉕ 日眼女造立釈迦仏供養事

御書全集1187ページ6行目〜8行目

譬えば頭をふればかみゆるぐ 心はたらけば身うごく、大風吹けば草木しづかならず・大地うごけば大海さはがし、教主釈尊をうごかし奉れば・ゆるがぬ草木やあるべき・さわがぬ水やあるべき

たとえば頭を振れば髪がゆらぎ、心の思いが働けば身体が動く。大風が吹けば、草や木は静かではいられず、大地が動けば大海は荒れる。同じように、教主釈尊を動かし奉れば、揺れない草木があるであろうか、波立たない水があるであろうか。

㉕ Concerning the Statue of Shakyamuni Buddha Fashioned by Nichigen-nyo

— *The Writings of Nichiren Daishonin*, vol. 2, p. 811

When you shake your head, your hair sways; when your mind begins to work, your body moves. When a strong wind blows, the grass and trees can no longer remain still; when the earth shakes, the seas are atremble. Thus if one can move Shakyamuni Buddha, the lord of teachings, can the grass and trees fail to respond, can the waters remain calm?

the statue of Shakyamuni Buddha 釈尊の仏像 / fashioned by 〜 …によって作られた。fashion は make, construct の意 / 題名は「日眼女が造立した釈迦像について」の意 / shake 他振る、揺さぶる、自揺れる / sway 揺れる / move 自動く、他動かす / a strong wind 強風、大風 / blow 吹く / grass and trees 草木 / no longer 〜 もはや…ない / remain とどまる / still 静止した、動かない / the earth 大地 / the seas 海面、波浪 / atremble 震えている。trembling と同意 / the lord of teachings「教主」の訳 / fail to 〜（不定詞）…しない / respond 反応する / can the grass and trees fail to respond? 草木が反応しない（揺るがない）でいられようか / calm 静かな、穏やかな / can the waters remain calm? 水が静かでいられようか。★解説の中で自は自動詞、他は他動詞を表す。

〈補足説明〉 諸仏・諸菩薩・諸天善神と教主釈尊の関係

今回引用した御文の前のパラグラフでは、諸仏、諸菩薩、諸天善神等を挙げて、次のように述べられている。

—not one of these is other than [a provisional manifestation of] Shakyamuni Buddha, the lord of teachings! The Sun Goddess, Great Bodhisattva Hachiman—both these in their original form are Shakyamuni Buddha, the lord of teachings.

Shakyamuni Buddha is like the one moon in the sky, and the various other Buddhas, bodhisattvas, and beings are like the reflections floating on ten thousand different bodies of water.

つまり、「彼らは一人残らず法華経・寿量品の教主釈尊（永遠の仏）の仮に現れた姿であり、天照太神も八幡大菩薩もその本地は教主釈尊なのである」と述べた上で、釈尊は天の月であり、それ以外は天の月が水に映った影であると、譬喩を用いて両者の関係性を説明している。そして、「教主釈尊をうごかし奉れば・ゆるがぬ草木やあるべき・さわがぬ水やあるべき」と、教主釈尊が一切の根本であることが結論される。

これを私たちの実践の立場から見れば、自分自身に内在する「教主釈尊」（永遠の仏）の生命を顕現することの重要性を説かれている御文と解釈することができる。

◇コラム◇ 心に留めておきたい要文(3)

◆ 桜梅桃李の己己の当体を改めずして無作三身と開見す

(784㌻)

Each thing—the cherry, the plum, the peach, the damson—in its own entity, without undergoing any change, possesses the eternally endowed three bodies. (OTT, p. 200)

◆ 始めて我心本来の仏なりと知るを即ち大歓喜と名く 所謂(いわゆる)南無妙法蓮華経は歓喜の中の大歓喜なり (788㌻)

This passage refers to the great joy that one experiences when one understands for the first time that one's mind from the very beginning has been a Buddha. Nam-myoho-renge-kyo is the greatest of all joys. (OTT, p. 211)

◆ 師弟相違せばなに事も成(なす)べからず (900㌻)

If teacher and disciple are of different minds, they will never accomplish anything. (p. 909)

◆ 鉄(くろがね)は炎(きたい)打てば剣となる 賢聖は罵詈(めり)して試みるなるべし

(958㌻)

Iron, when heated in the flames and pounded, becomes a fine sword. Worthies and sages are tested by abuse. (p. 303)

㉖ 聖人御難事

御書全集1190ページ 7行目〜9行目

各各師子王の心を取り出して・いかに人をどすともをづる事なかれ、師子王は百獣にをぢず・師子の子・又かくのごとし、彼等は野干のほうるなり 日蓮が一門は師子の吼るなり

通解

あなたがた一人一人が師子王の心を取り出して、どのように人が脅そうとも、決して恐れてはならない。師子王は百獣を恐れない。師子の子もまた同じである。彼ら（正法を誹謗する人々）は、野干がほえているのと同じである。日蓮の一門は師子がほえているのである。

㉙ On Persecutions Befalling the Sage

— *The Writings of Nichiren Daishonin*, vol. 1, p. 997

Each of you should summon up the courage of a lion king and never succumb to threats from anyone. The lion king fears no other beast, nor do its cubs. Slanderers are like barking foxes, but Nichiren's followers are like roaring lions.

語句の解説

persecution 迫害、法難 / befall 〜 （不幸・災厄などが）…に起こる、ふりかかる / the sage 聖人。the が付いているのは日蓮大聖人を指すから / On Persecutions Befalling the Sage 本抄の題名「聖人御難事」の訳。文字通りには「聖人にふりかかる迫害について」/ each of you あなた方一人一人が / summon up 奮い起こす / courage 勇気 / lion king 師子王（獅子の美称）。この「師」は「獅」の古字で、古文書などで使われている / succumb to 〜 …に屈する / threats from anyone どんな人からの脅しにも / fear 恐れる / beast 獣 / fear no other beast 他のいかなる獣も恐れない / cub （肉食動物などの）子 / nor do its cubs その子らもまた（他の獣を）恐れない。do は直前にある動詞 fear を繰り返すのを避けるために使う代動詞。★ nor（否定の接続詞）が導く節では〈nor + 動詞 + 主語〉の形になる / slanderer 悪口を言う人、誹謗する人 / like 〜 …のような / bark （犬・キツネなどが）ほえる。barking は形容詞として使われている。後の roaring も同じ用法 / fox キツネ。「野干」の訳 / follower 一門の人、信奉者 / roar （ライオン・猛獣などが）ほえる

㉗ 四条金吾殿御返事（法華経兵法事）

御書全集 1192㌻ 15行目～1193㌻ 2行目

　なにの兵法よりも法華経の兵法をもちひ給うべし、「諸余怨敵・皆悉摧滅」の金言むなしかるべからず、兵法剣形の大事も此の妙法より出でたり、ふかく信心をとり給へ、あへて臆病にては叶うべからず候

〈通解〉

　どのような兵法よりも、法華経の兵法を用いなさい。「その他の敵は、皆ことごとく打ち破る」（法華経薬王品第23）との金言は、決して空言であるはずがない。兵法や剣術の真髄も、この妙法から出たものである。深く信心を起こしなさい。臆病であっては、何事も叶わないのである。

㉗ The Strategy of the Lotus Sutra

— *The Writings of Nichiren Daishonin*, vol. 1, p. 1001

Employ the strategy of the Lotus Sutra before any other. "All others who bear you enmity or malice will likewise be wiped out." These golden words will never prove false. The heart of strategy and swordsmanship derives from the Mystic Law. Have profound faith. A coward cannot have any of his prayers answered.

語句の解説

strategy 戦略、方策、方法 / the Lotus Sutra 法華経 / The Strategy of the Lotus Sutra 法華経の兵法。本抄の別名「法華経兵法事（へいほうのこと）」の訳 / employ（もの・手段などを）用いる、使用する / before any other [strategy] 他のいかなる［兵法］よりも優先させて / bear（うらみ・愛憎（あいぞう）などを）いだく / enmity 敵意 / malice 悪意 / likewise 同じように / wipe out 一掃（いっそう）する、全滅させる / "All others who bear you enmity or malice will likewise be wiped out." 法華経薬王品第23の「諸余怨敵・皆悉摧滅」の訳。直訳すれば「あなたに敵意や悪意をいだく他のすべての者は、同じように一掃されるであろう」となる。法華経を受持する功徳によって、成仏を妨（さまた）げるあらゆる魔を打ち破ることができるという趣旨（しゅし） / golden words 金言、貴重な言葉 / prove 証明される、（…であることが）わかる（be found to ～不定詞）/ false 誤った、虚偽（きょぎ）の / will never prove false（これらの金言が）うそになることは絶対にないであろう / heart 核心、急所、本質 / swordsmanship 剣術、剣道 / derive from ～ …に由来する / the Mystic Law 「妙法」の訳 / profound 深い / faith 信心、信念 / coward 臆病者 / prayer 祈り / be answered（祈り・願いなどが）叶う / have one's prayer answered 祈りが叶えられる★〈have＋目的語＋過去分詞（補語）〉の形で、使役（…させる、…してもらう）や受身（…される）を表す / any of his prayers 彼（臆病者）のいかなる祈りも

㉘ 乙御前御消息（身軽法重抄）

御書全集1221㌻4行目～6行目

いよいよ強盛の御志あるべし、氷は水より出でたれども水よりもすさまじ、青き事は藍より出でたれども・かさぬれば藍よりも色まさる、同じ法華経にては・をはすれども志をかさぬれば・他人よりも色まさり利生もあるべきなり

いよいよ強盛な信心を、起こしていきなさい。氷は水からできるが、水よりも冷たい。青い色は、藍という草から生まれるが、重ねて染めれば、藍よりも色が鮮やかになる。同じ法華経ではあっても、信心を重ねていくならば、他人よりも生命の輝きが増し、利益もあらわれてくるのである。

㉘ The Supremacy of the Law

— *The Writings of Nichiren Daishonin*, vol. 1, p. 615

Strengthen your resolve more than ever. Ice is made of water, but it is colder than water. Blue dye comes from indigo, but when something is repeatedly dyed in it, the color is better than that of the indigo plant. The Lotus Sutra remains the same, but if you repeatedly strengthen your resolve, your color will be better than that of others, and you will receive more blessings than they do.

supremacy 最高・無上であること / the Law 法 / The Supremacy of the Law 本抄の別名「身軽法重抄(しんきょうほうじゅうしょう)」の訳。文字通りには「法が最高であること」/ strengthen 強める / resolve 決意、決心 / more than ever 今まで以上に / be made of 〜 …(材料)からできている / colder cold(冷たい、寒い)の比較級 / dye 染料。動詞になると「染める」/ come from 〜 …からつくられる / indigo 藍(あい) / something (何か)あるもの / repeatedly 繰り返し / dyed dye(染める)の過去分詞 / the color 藍の染料で何回も染めた色のこと / better than 〜 …より優れる / indigo plant 植物の

藍。染料の藍をつくる原料となる。indigo は日本語の「藍」と同じく、色と植物の両方の意味を持つ / The Lotus Sutra remains the same, 法華経（自体）は変わらない（同じである）/ that of others 他の人たちの色。that は color を指す / receive more blessings than 〜 …よりも多くの功徳を受ける。blessings は「利生」の訳 / do これは receive の重複を避けるために使われた代動詞

参考　別名「身軽法重抄」の由来

本抄の別名「身軽法重抄」は、次の一節から取ったものである。

又身軽法重・死身弘法とのべて候ば　身は軽ければ人は打ちはり悪むとも　法は重ければ必ず弘まるべし（御書全集1221㌻）

[*The Annotations on the Nirvana Sutra* states,] "One's body is insignificant while the Law is supreme. One should give one's life in order to propagate the Law." Because my body is insignificant, I am struck and hated, but because the Law is supreme, it will spread without fail. (vol. 1, p.615)

これは章安大師の『涅槃経疏』(*The Annotations on the Nirvana Sutra*)の言葉を引用して、大聖人が御自身の弘教について述べられた一節である。今学んだ一節の少し後に出てくる。「身軽法重・死身弘法」は「身は軽く法は重し　身を死して法を弘む」と読む。この「法」は、英訳では the Law となっている。仏の教法（教え）という意味であるが、この文脈では法華経を指している。

㉙ 辨殿尼御前御書(大兵興起御書)

御書全集1224㌻題号から3行目〜5行目

　第六天の魔王・十軍のいくさを・をこして・法華経の行者と生死海の海中にして同居穢土を・とられじ・うばはんと・あらそう、日蓮其の身にあひあたりて大兵を・をこして二十余年なり、日蓮一度もしりぞく心なし

　第六天の魔王は、十種の魔の軍勢を用いて戦を起こし、法華経の行者を相手に、生死の苦しみの海の中で、凡夫と聖人が共に住んでいるこの娑婆世界を、「とられまい」「奪おう」と争っている。日蓮は、その第六天の魔王と戦う身に当たって、大きな戦を起こして、二十数年になる。その間、日蓮は一度も退く心はない。

〈本抄の題名〉本抄は「辨殿尼御前御書」の題名が付されているが、末尾に「辨殿、尼御前に申させ給へ」(読点の補いは編者)とあるから、辨殿(日昭)に与えられたもので、その中で尼御前の信心を賛嘆されているので、そのことを尼御前(誰かは不明)に伝えるように指示されている。

㉙ The Great Battle

— *The Writings of Nichiren Daishonin*, vol. 2, p. 465

The devil king of the sixth heaven has roused the ten kinds of troops and, in the midst of the sea of the sufferings of birth and death, is at war with the votary of the Lotus Sutra to stop him from taking possession of and to wrest away from him this impure land where both ordinary people and sages dwell.

It has been twenty or more years now since I found myself in that situation and began the great battle. Not once have I thought of retreat.

The Great Battle 本抄の別名「大兵興起御書」の訳。「大兵」は「大きな戦い」という意味。この場合の「兵」は「戦い」「いくさ」の意味で、「戦士」「兵隊」の意味ではない / devil king 魔王 / the sixth heaven 第六天 / the devil king of the sixth heaven 第六天の魔王 / rouse 起こす / the ten kinds of troops 10種類の軍勢（種々の煩悩を魔軍にたとえた）/ in the midst of the sea of the sufferings of birth and death 生死の苦しみという海の真ん中で / be at war with 〜 …と交戦中である、…と戦っている / the votary of the Lotus Sutra　法華経の行者。「日蓮」のこと／stop one from 〜 ing　人が…するのを阻止する／take possession of 〜　…を得る、占領する／to stop him from taking possession of 〜　彼（行者）が…を占領するのを阻止するために、「とられじ」（奪われまい）の訳／wrest away　奪い取る、引き離す／this impure land　この汚(けが)れた国土(しゃば)（娑婆世界）。「穢土(えど)」の訳／ordinary people　普通の人。「凡夫」の訳／sage　聖人(しょうにん)／dwell　住む／this impure land where both ordinary people and sages dwell　凡夫と聖人が共に住むこの汚れた国土。「凡聖同居(ぼんしょうどうこ)（穢）土」という／It has been A since B　B以来Aが経過した／twenty or more years　二十年余り／find oneself in 〜　自分が…の状態であるのに気付く／I found myself in that situation　自分がそのような状況にあることに気付いて。「日蓮其の身にあひあたりて」の訳／begin the great battle　大きな戦いを始める／not once 〜　一度も…ない／thought of　think of（…について考える）の過去分詞／retreat　後退、退却／Not once have I thought of retreat は I have not once thought of retreat の強調形★not once（一度も…ない）を強調して文頭に置いたため、have I と主語と助動詞が倒置されている。

㉚ 日女御前御返事（御本尊相貌抄）

御書全集1244㌻ 13行目〜15行目

　日蓮が弟子檀那等・正直捨方便・不受余経一偈と無二に信ずる故によって・此の御本尊の宝塔の中へ入るべきなり・たのもし・たのもし、如何にも後生をたしなみ給ふべし・たしなみ給ふべし、穴賢・南無妙法蓮華経とばかり唱へて仏になるべき事尤も大切なり、信心の厚薄によるべきなり　仏法の根本は信を以て源とす

通解

　日蓮の弟子・檀那等は、方便品の「正直に方便を捨てて」、譬喩品の「余経の一偈をも受けず」の文の通りに、法華経を唯一無二に信ずることによって、この御本尊の宝塔の中に入ることができるのである。まことに頼もしいことである。なんとしても、来世の幸福も得られるように信心に励んでいきなさい。南無妙法蓮華経とだけ唱えて成仏することが最も大切である。（成仏するかどうかは）ひとえに信心の厚薄によるのである。仏法の根本は、信をもって源とするのである。

㉚ The Real Aspect of the Gohonzon

— *The Writings of Nichiren Daishonin*, vol. 1, p. 832

Since Nichiren's disciples and lay supporters believe solely in the Lotus Sutra, honestly discarding expedient means and not accepting even a single verse of the other sutras, exactly as the Lotus teaches, they can enter the treasure tower of the Gohonzon. How reassuring! Make every possible effort for the sake of your next life. What is most important is that, by chanting Nam-myoho-renge-kyo alone, you can attain Buddhahood. It will no doubt depend on the strength of your faith. To have faith is the basis of Buddhism.

the real aspect（物の）真実の姿・相 / The Real Aspect of the Gohonzon 本抄の別名「御本尊相貌抄」の訳。文字通りには「御本尊の真実の姿」/ since 〜 …だから。because と同じ意味 / disciple 弟子、信奉者 / lay supporter 檀那。文字通りには「在家の支持者」/ believe in 〜 …を信じる / solely 〜 ただ…だけ、ひたすら / the Lotus Sutra 法華経 / honestly 正直に、純粋に /

discard 捨てる / expedient means 便宜的な手段。仏教でいう「方便」の訳 / accept 受け入れる / even a single verse 詩の一行さえも。「一偈」の訳。verse は経典の「偈」の訳 / exactly as 〜 まさに…(する)通りに / the Lotus 法華経。the Lotus Sutra の Sutra を省略している / teach 教える、説く / enter 入る / the treasure tower (法華経宝塔品第11の)宝塔 / the treasure tower of the Gohonzon の of は同格関係を表す。「御本尊という宝塔」/ How reassuring! なんと頼もしいことか / make every possible effort できる限りの努力をする / for the sake of 〜 …のために / next life 来世、次の生 / what is most important 最も大切なこと / chant 唱える / 〜 alone ただ…だけ / attain (目的などを)達成する、到達する / Buddhahood 仏界、仏の境涯 / attain Buddhahood 仏の境涯に達する、成仏する / no doubt 疑いなく、確かに / depend on 〜 …によって決まる、…にかかっている / the strength of your faith あなたの信心の強さ。「信心の厚薄」の訳 / basis 基礎、根本 / Buddhism 仏教、仏法

補 足 説 明　「無二に信ずる」の英訳の工夫

「日蓮が弟子檀那等・正直捨方便・不受余経一偈と無二に信ずる故によって」の英訳は、原文と離れた表現のように見える。しかし、「無二に信ずる」(これ以外にないと信じる)対象は「法華経」である。また、「正直捨方便・不受余経一偈」との経文通りに信じるのが「無二に信ずる」ことである。ゆえに、英訳では believe solely in the Lotus Sutra として、上の経文を引いた

後に exactly as the Lotus [Sutra] teaches,（まさに法華経が説くように）を補足している。

参考 「正直捨方便・不受余経一偈」の出典

「正直捨方便 但説無上道」（方便品第2）と「不受余経一偈」（譬喩品第3）の書き下し文と英訳を下に記す。

・「正直捨方便 但説無上道」
　今我れは喜んで畏無し　諸の菩薩の中に於いて　正直に方便を捨てて　但だ無上道を説く　　　　　　　　（法華経144㌻）

　Now I, joyful and fearless,
　in the midst of the bodhisattvas,
　honestly discarding expedient means,
　will preach only the unsurpassed way.
　　　　　　　　　　　　　　（*The Lotus Sutra,* p.79）

・「不受余経一偈」
　但だ楽って　大乗経典を受持し　乃至　余経の一偈をも受けず
　　　　　　　　　　　　　　　　　　　　（法華経206㌻）

desiring only to accept and embrace
the sutra of the great vehicle
and not accepting a single verse
of the other sutras,
　　　　　　　　　　　　　　（*The Lotus Sutra,* p.115）

㉛ 妙一尼御前御消息（冬必為呑事）

御書全集1253㌻16行目〜17行目

　法華経を信ずる人は冬のごとし冬は必ず春となる、いまだ昔よりきかず・みず冬の秋とかへれる事を、いまだきかず法華経を信ずる人の凡夫となる事を、経文には「若有聞法者無一不成仏」ととかれて候

〈通解〉

　法華経を信ずる人は冬のようなものである。冬は必ず春となる。昔より今まで、聞いたことも見たこともない。冬が秋に戻るということを。（同じように）今まで聞いたことがない。法華経を信ずる人が凡夫となることを。経文には、「もし法を聞くことがあれば、一人として成仏しない人はいない」と説かれている。

㉛ Winter Always Turns to Spring

— *The Writings of Nichiren Daishonin*, vol. 1, p. 536

Those who believe in the Lotus Sutra are as if in winter, but winter always turns to spring. Never, from ancient times on, has anyone seen or heard of winter turning back to autumn. Nor have we ever heard of a believer in the Lotus Sutra who turned into an ordinary person. The sutra reads, "If there are those who hear the Law, then not a one will fail to attain Buddhahood."

---

winter 冬 / always いつでも、常に。at all times, invariably の意 / turn to ～ …に変わる、…になる / Winter Always Turns to Spring 本抄の別名「冬必為春事(ふゆはかならずはるとなるのこと)」の訳。文字通りには「冬は必ず春となる」/ those who ～ …する人たち / believe in ～ …を信じる、信仰する / the Lotus Sutra 法華経 / as if [they were] in winter まるで(寒い)冬にいるようなものである / never ～ 決して…ない ★倒置法で Never が文頭にきたため has anyone seen or heard と、has (助動詞) が anyone (主語) の前に出ている。次の Nor have we ever heard も同じ / from ancient times on 昔から。on は継続を表す副詞 / anyone 誰も / winter turning back to autumn 冬が秋へ逆戻りするのを / turn back to 〜 …に戻る / hear of 〜 …(の事実を)聞いて知る / a believer in the Lotus Sutra 法華経を信仰している人 / turn into 〜 …になる、(性質や形・状態が)変わる / ordinary person 普通の人。「凡夫」の訳 / The sutra reads, 〜 経典(この場合は法華経)は次のように述べている / the Law 法、教え / then そうすれば ★ If 〜, then 〜 の then は in that case の意味で、If で始まる条件節を受ける。〈例文〉If he didn't take it, then who did? 彼が取らなかったら、誰が取ったというのか / not a one 〜 一人として…しないものはない ★ not a 〜 は「ただ一人(一つ)の…もない」の意味で、no one よりも not a one のほうが強い否定になる / fail to 〜 …できない / attain Buddhahood 成仏する、仏界に至る / If there are those who hear the Law, then not a one will fail to attain Buddhahood.「若有聞法者無一不成仏」の訳。文字通りには「もし法を聞く人があれば、一人として成仏しない人はいない」(方便品の文)

106　Winter Always Turns to Spring

コラム 心に留めておきたい要文(4)

◆ 心の師とはなるとも心を師とせざれ（1025㌻）

Become the master of your mind rather than let your mind master you. (p. 486)

◆ 南無妙法蓮華経は師子吼の如し・いかなる病さはりをなすべきや（1124㌻）

Nam-myoho-renge-kyo is like the roar of a lion. What sickness can therefore be an obstacle? (p. 412)

◆ 日蓮がたましひをすみにそめながして・かきて候ぞ信じさせ給へ、仏の御意は法華経なり 日蓮が・たましひは南無妙法蓮華経に・すぎたるはなし（1124㌻）

I, Nichiren, have inscribed my life in sumi ink, so believe in the Gohonzon with your whole heart. The Buddha's will is the Lotus Sutra, but the soul of Nichiren is nothing other than Nam-myoho-renge-kyo. (p. 412)

◆ 苦をば苦とさとり楽をば楽とひらき 苦楽ともに思い合せて南無妙法蓮華経とうちとなへゐさせ給へ（1143㌻）

Suffer what there is to suffer, enjoy what there is to enjoy. Regard both suffering and joy as facts of life, and continue chanting Nam-myoho-renge-kyo, no matter what happens. (p. 681)

㉜ 檀越某御返事

御みやづかいを法華経とをぼしめせ、「一切世間の治生産業は皆実相と相違背せず」とは此れなり

主君に仕えることが、法華経の修行であると思いなさい。「あらゆる一般世間の生活を支える営み、なりわいは、すべて実相（妙法）と相反することはない」と経文に説かれているのは、このことである。

㉜ Reply to a Believer

— *The Writings of Nichiren Daishonin*, vol. 1, p. 905

Regard your service to your lord as the practice of the Lotus Sutra. This is what is meant by "No worldly affairs of life or work are ever contrary to the true reality."

語句の解説

reply 返事 / a believer ある信仰者、ある信徒。「檀越(だんおつ)」(檀那(だんな))の訳。「某(ぼう)」は「ある人」という意味なので「檀越某」は「ある信徒」となる。本抄の題名 Reply to a Believer は「ある信徒への返事」という意味 / regard A as B　AをBとみなす / service 任務、仕えること。your service to your lord 主君に対する任務、主君に仕えること。「みやづかい」の訳 / practice 実践、修行 / the Lotus Sutra 法華経 / This is what is meant by 〜 これが…の意味するところである / worldly 世間の、世俗の / affair（しばしば複数形で）仕事、営み / ever 〜（否定文で）決して（…ない）と否定を強調する / be contrary to 〜 …に反する / reality 実在、現実 / the true reality「実相」の訳。the true aspect ともいう / No worldly affairs of life or work are ever contrary to the true reality. 生活や仕事などのいかなる世俗の営みも、決して実相と相反することはない。★ No worldly affairs . . . are ever 否定詞が文頭にあるため、never ではなく ever となっている。英語では否定詞（ここでは No）が前に出る傾向がある。

檀越某御返事

㉝大悪大善御書

御書全集1300ページ題号から1行目〜3行目

大事には小瑞なし、大悪をこれば大善きたる、すでに大謗法・国にあり大正法必ずひろまるべし、各各なにをかなげかせ給うべき、迦葉尊者にあらずとも・まいをも・まいぬべし、舎利弗にあらねども・立ってをどりぬべし、上行菩薩の大地よりいで給いしには・をどりてこそいで給いしか

通解

大きな出来事の起こる前には、小さな瑞相はない。大悪が起これば、必ず大善がくるのである。すでに大謗法が国に充満しているのであるから、大正法は必ず広まるにちがいない。あなた方は何を嘆くことがあろうか。(必ず大善がくるとの喜びに)迦葉尊者でなくても、舞を舞うべきところである。舎利弗でなくても、立って踊るべきところである。上行菩薩が大地から現れた時には、まさに踊り出られたのである。

㉝ Great Evil and Great Good

— *The Writings of Nichiren Daishonin*, vol. 1, p. 1119

Great events never have minor omens. When great evil occurs, great good follows. Since great slander already exists in our land, the great correct Law will spread without fail. What could any of you have to lament? Even if you are not the Venerable Mahākāshyapa, you should all perform a dance. Even if you are not Shāriputra, you should leap up and dance. When Bodhisattva Superior Practices emerged from the earth, did he not emerge dancing?

語句の解説

great evil 大悪 / great good 大善 / Great Evil and Great Good 「大悪大善御書」の訳 / great event 重大な出来事、大事件 / minor 小さな / omen きざし、予兆 / minor omen 小さな瑞相 / occur 起こる / follow 続く / slander 誹謗（ひぼう）/ great slander 大謗法。「謗法」（法を謗（そし）ること）の英訳は slander of the Law であるが、ここでは of the Law が省略されている / exist 存在する / land 国 / the correct Law 正法（正しい教え）。ここでは「大正法」だから the great correct Law となっている / spread 広まる

/ without fail 必ず / any of you あなた方のうちの誰か、あなた方の誰であれ / have ～ to do（不定詞）すべき…がある。〈例文〉I have something to do.「私はなすべきことがある」/ lament 嘆く、悲しむ / What could any of you have to lament?「あなた方の誰であれ、何を嘆き悲しむことがあろうか」★ have ～ to do の形である。～に当たる what が疑問詞であるため文頭に出ているが、what が have の目的語である。主語は any of you（あなた方の誰であれ）/ Even if ～ たとえ…でも / venerable（年齢を重ねて威厳があって）尊い。the venerable ～と、尊者などの尊称として用いられる / the Venerable Mahākāshyapa 迦葉尊者（梵語の名前はマハーカーシャパ）/ perform（歌・踊り・演奏などを）行う、歌う、披露する、演じる / dance 舞。動詞になると「舞う、踊る」/ Shāriputra 舎利弗（梵語名シャーリプトラ）/ leap up 跳び上がる / Bodhisattva Superior Practices 上行菩薩。「上行」は「すぐれた行をなす者」という意味 / emerge from ～ …から現れる / the earth 大地 / dancing 踊りながら

㉞ 阿仏房御書（宝塔御書）

御書全集1304㌻6行目～8行目

末法に入って法華経を持つ男女の・すがたより外には宝塔なきなり、若し然れば貴賤上下をえらばず南無妙法蓮華経と・となうるものは我が身宝塔にして我が身又多宝如来なり、妙法蓮華経より外に宝塔なきなり、法華経の題目・宝塔なり宝塔又南無妙法蓮華経なり

　末法に入って、法華経を持つ男女の姿よりほかには宝塔はないのである。もし、そうであるならば、身分の貴さや賤しさ、立場の上と下といった差別なく、南無妙法蓮華経と唱える人は、その人の身が宝塔であり、また、その人の身が多宝如来なのである。妙法蓮華経よりほかに宝塔はない。法華経の題目が宝塔であり、宝塔はまた南無妙法蓮華経である。

㉞ On the Treasure Tower

— *The Writings of Nichiren Daishonin*, vol. 1, p. 299

In the Latter Day of the Law, no treasure tower exists other than the figures of the men and women who embrace the Lotus Sutra. It follows, therefore, that whether eminent or humble, high or low, those who chant Nam-myoho-renge-kyo are themselves the treasure tower, and, likewise, are themselves the Thus Come One Many Treasures. No treasure tower exists other than Myoho-renge-kyo. The daimoku of the Lotus Sutra is the treasure tower, and the treasure tower is Nam-myoho-renge-kyo.

the treasure tower 宝塔。法華経宝塔品第11に説かれる「7種類の宝で飾られた塔」のことで、中に多宝如来が座っている / On the Treasure Tower 本抄の別名「宝塔御書」の訳で、「宝塔について」の意 / the Latter Day of the Law 末法。（文字通りには）法（仏の教え）の末の時代。「正法（時代）」は the Former Day of the Law、「像法（時代）」は the Middle Day of the Law と訳している

/ exist 存在する / other than ～ …以外に / no A exists other than B　B以外にAは存在しない / figure 姿 / embrace（信仰などに）帰依する、（教義などを）奉ずる / the Lotus Sutra 法華経 / It follows, therefore, that ～　ゆえに…ということになる / whether A or B　AであれBであれ / eminent（地位や身分が）高い、すぐれた / humble（身分などが）卑しい / high or low は [whether] high or low と、whether につながっている。身分や階級が高くても低くてもの意 / those who ～　…する人たち / chant 唱える / themselves 彼ら自身。強調用法で原文の「我が身」にあたる / likewise 同様に / the Thus Come One 如来。「このように来たれる者」の意 / the Thus Come One Many Treasures 多宝如来

参考　仏や菩薩の名前について

サンスクリット経典では、仏や菩薩等の名前は当然、サンスクリットで表記されている。しかし、経典が漢訳される時に、それらの名前は2通りの方法で表記された。一つは、音写（または音訳）といって、サンスクリットの音を漢字で表した。たとえば、文殊師利は Manjushrī（マンジュシュリー）を、舎利弗は Shāriputra（シャーリプトラ）を漢字で音写したものである。二つ目は、意訳といって、それらの名前の意味を漢字で表したもので、多宝如来は、サンスクリット名 Prabhūtaratna（プラブータラトナ）が「多くの宝」を意味するので、多宝と訳された。『英訳御書』では原則として、御書に出てくる名前が音写されたものであれば、サンスクリット名をアルファベットで表記し、意訳されたものであれば、その名前を英訳して用いている。

㉟ 千日尼御前御返事（真実報恩経事）

御書全集1310㌻15行目〜18行目

此の経文は一切経に勝れたり 地走る者の王たり師子王のごとし・空飛ぶ者の王たり鷲のごとし、南無阿弥陀仏経等はきじのごとし兎のごとし・鷲につかまれては涙をながし・師子にせめられては腸わたをたつ、念仏者・律僧・禅僧・真言師等又かくのごとし、法華経の行者に値いぬれば・いろを失い魂をけすなり

通解

　この法華経の経文は、一切経のなかで最も勝れている。地を走る者の王であり師子王のようである。空を飛ぶ者の王であり鷲のようである。南無阿弥陀仏の経などは、雉のようであり、兎のようである。鷲につかまれては涙を流し、師子に責められては腸を断つのである。念仏者、律僧、禅僧、真言師なども、また同じである。法華経の行者に値うと、顔色を失い、魂を消すのである。

㉟ The Sutra of True Requital

— *The Writings of Nichiren Daishonin*, vol. 1, pp. 929-30

This sutra is superior to all other sutras. It is like the lion king, the monarch of all the creatures that run on the ground, and like the eagle, the king of all the creatures that fly in the sky. Sutras such as the Devotion to Amida Buddha Sutra are like pheasants or rabbits. Seized by the eagle, their tears flow; pursued by the lion, fear grips their bowels. And the same is true of people like the Nembutsu adherents, the Precepts priests, the Zen priests, and the True Word teachers. When they come face to face with the votary of the Lotus Sutra, their color drains away and their spirits fail.

The Sutra of True Requital 本抄の別名「真実報恩経事」の訳／ sutra 経典／ requital　requite (= make return for [a kindness] [親切な行為]に対して返礼する)の名詞／ This sutra とは法華経 (the Lotus Sutra) を指している／ be superior to 〜　…よりす

ぐれている / all other sutras「一切経」の訳 / be like 〜 …のようである / the lion king 師子王 / monarch 王、君主 / creature 生き物 / all the creatures that run on the ground 地を走るすべての生き物 / eagle ワシ / all the creatures that fly in the sky 空を飛ぶすべての生き物 / the Devotion to Amida Buddha Sutra 南無阿弥陀仏経。「阿弥陀仏に帰依する経」という意味 / pheasant キジ / rabbit ウサギ / seize つかむ、とらえる ★ Seized by the eagle, 〜 この過去分詞構文では、意味上の主語 (pheasants or rabbits) と主文の主語 (their tears) が一致しないので、文法的には誤りとされるが、実際には使用されることがある。次の pursued by the lion, も同じ / tear 涙 / flow 流れる / pursue 追いかける / fear 恐怖 / grip とらえる、つかむ / bowels 腸、はらわた / the same is true of 〜 同じことが…についても言える。sameは「同じこと(もの)」という名詞 / adherent 信奉者 / Nembutsu adherents 念仏者 / precept 戒律 / priest 僧侶 / Precepts priests 律僧 / Zen priests 禅僧 / True Word teachers 真言師 / Nembutsu, Precepts, Zen, True Word は宗派名で、それぞれ念仏、律、禅、真言を指す。the Precepts school (律宗) などと、school をつけて宗派を表す。Nembutsu adherents = Nembutsu believers は、念仏宗を信じる者たち (believers of the Nembutsu school)。「念仏者」の訳 / come face to face with 〜 …と向かい合う / votary 信者、信奉者 / votary of the Lotus Sutra 法華経の行者 / color 顔色 (complexion) / drain away (血の気が) ひく / spirits 元気、気力 / fail 弱まる、衰える

㊱ 千日尼御前御返事（雷門鼓御書）

御書全集1316㌻5行目〜7行目

　法華経を供養する人は十方の仏菩薩を供養する功徳と同じきなり、十方の諸仏は妙の一字より生じ給へる故なり、譬えば一の師子に百子あり・彼の百子・諸の禽獣に犯さるるに・一の師子王吼れば百子力を得て諸の禽獣皆頭七分にわる、法華経は師子王の如し一切の獣の頂きとす

通解

　法華経を供養する人の功徳は、十方の仏や菩薩に供養する功徳と同じである。十方の諸仏は、妙の一字から生まれたからである。たとえば、一頭の師子に百匹の子がいる。その百匹の子が諸々の禽獣に襲われている時、（親である）一頭の師子王がほえれば百匹の子は力を得て、諸々の禽獣は皆、頭が七つに割れるのである。法華経は師子王のようなものであり、一切の獣の頂点に立つのである。

㊱ The Drum at the Gate of Thunder

— *The Writings of Nichiren Daishonin*, vol. 1, p. 949

Those who make offerings to the Lotus Sutra will receive the same benefit as they would by making offerings to all the Buddhas and bodhisattvas in the ten directions, because all the Buddhas of the ten directions originate from the single character *myō*. Suppose a lion has a hundred cubs. When the lion king sees its cubs attacked by other beasts or birds of prey, he roars; the hundred cubs will then feel emboldened, and the heads of those other beasts and birds of prey will be split into seven pieces. The Lotus Sutra is like the lion king, who rules over all other animals.

drum 太鼓、ドラム、鼓 / the Gate of Thunder 雷門 / The Drum at the Gate of Thunder 本抄の別名「雷門鼓御書」の訳 / Those who ~ …する人たち ★ Those は関係代名詞（ここでは who）の先行詞として some people を意味する / offering 供養、供物。make offerings で「供養する」/ the Lotus Sutra 法華経 / receive

受ける、得る / the same benefit as ～ …と同じ功徳 / as they would　直前の the same ～ as の as 以下の部分である。as they would [receive] by making offerings to ～ …に供養することによって得るであろうと同じ功徳 ★ would は仮定法。現実に「十方の仏菩薩」に供養することはできないから仮定法を用いている / all the Buddhas and bodhisattvas in the ten directions 十方の仏菩薩 / because なぜなら（「故なり」の訳）/ originate from ～ …から生じる / the single character *myō* 妙の一字 / Suppose 想像してみなさい。assume（仮定する）と同意。「譬えば」の訳 / lion 師子（現在は「獅子」と書くが、ここでは御書にならって「師子」とする）/ a hundred cubs 100匹の（獣の）子 / the lion king 師子王 / sees its cubs attacked その子らが襲われるのを見る。attacked は過去分詞 / prey 餌食(えじき) / beast of prey 猛獣 / bird of prey 猛禽(もうきん)（他の動物を捕食する肉食の鳥）/ roar ほえる / embolden 勇気づける、力づける / be split into seven pieces 七つに割れる / rule over 支配する / all other animals 一切の獣（師子以外の獣だから英訳では other が入る）

〈参考〉別名「雷門鼓御書」の由来

本抄の題名は、次の本文に基づいている。

雷門の鼓(つづみ)は千万里遠けれども 打ちては須臾(しゅゆ)に聞こ(きこ)ゆ

（御書全集1316㌻16行目）

The sound of the drum at the Gate of Thunder is immediately heard a thousand, ten thousand *ri* in the distance. (vol. 1, p.949)

雷門は、中国の会稽城(かいけい)（浙江省 紹興(しょうこう)）の門のこと。

㊲ 生死一大事血脈抄

御書全集1337㌻12行目〜14行目

　総じて日蓮が弟子檀那等・自他彼此の心なく水魚の思を成して異体同心にして南無妙法蓮華経と唱え奉る処を生死一大事の血脈とは云うなり、然も今日蓮が弘通する処の所詮是なり、若し然らば広宣流布の大願も叶うべき者か

通解

　総じて日蓮の弟子檀那らが、「自分と他人」「あちらとこちら」と分け隔てする心なく、水と魚のように一体の思いになって、異体同心で南無妙法蓮華経と唱えていくことを、生死一大事の血脈と言うのである。しかも今、日蓮が弘通する肝要は、これなのである。もし、この通りになるなら、広宣流布という大願も成就するであろう。

㊲ The Heritage of the Ultimate Law of Life

— *The Writings of Nichiren Daishonin*, vol. 1, p. 217

All disciples and lay supporters of Nichiren should chant Nam-myoho-renge-kyo with the spirit of many in body but one in mind, transcending all differences among themselves to become as inseparable as fish and the water in which they swim. This spiritual bond is the basis for the universal transmission of the ultimate Law of life and death. Herein lies the true goal of Nichiren's propagation. When you are so united, even the great desire for widespread propagation can be fulfilled.

heritage 相続、相伝、遺産 / the ultimate Law 究極の法 / The Heritage of the Ultimate Law of Life 本抄の題名「生死一大事血脈抄」の訳。文字通りには「究極の生命の法を受け継ぐこと」/ disciple 弟子 / lay supporter 在家信徒。「檀那」の訳 / chant 唱える / spirit 精神 / many in body but one in mind「異体同心」の訳。文字通りには「身体は多数だが、心は一つ」/ transcend

生死一大事血脈抄

超越する、克服する / difference 相違 / among themselves 日蓮の弟子檀那の間の。themselves 彼ら（彼女ら、それら）自身。日蓮の弟子檀那を指す / become 〜 …になる / inseparable 不可分、一体である / as A as B　Bと同じくらいA / swim 泳ぐ / as inseparable as fish and the water in which they swim 魚とそれが泳ぐ水が一体であるのと同じく。fish は単複同形であり、ここでは複数なのでtheyで受けている / This spiritual bond「この精神的な絆」とは、直前の文章の趣旨を受けて今の文章の主語にしたもので、翻訳上の工夫。以下、それが土台となって生死一大事の血脈が広く伝えられていくという意味 / basis 基礎、土台 / universal 普遍的な / transmission 伝達、相伝 / herein ここに / lie 存在する / Herein lies 〜 ここに…がある / the true goal 真実の目的 / propagation 普及、布教。「弘通」の訳 / be united 団結する / When you are so united, そのように団結する時。「若し然らば」を具体的に表現した / even 〜 …さえ / great desire 大きな望み。「大願」の訳 / widespread propagation 広範に広めること。「広宣流布」の訳語の一つ / be fulfilled 実現する、達成される

コラム 心に留めておきたい要文(5)

◆ 陰徳あれば陽報あり （1178㌻）

Where there is unseen virtue, there will be visible reward.
(p. 907)

◆ 月月・日日につより給へ・すこしもたゆむ心あらば魔たよりをうべし （1190㌻）

Strengthen your faith day by day and month after month. Should you slacken in your resolve even a bit, devils will take advantage. (p. 997)

◆ 此の御本尊全く余所に求る事なかれ・只我れ等衆生の法華経を持ちて南無妙法蓮華経と唱うる胸中の肉団におはしますなり （1244㌻）

Never seek this Gohonzon outside yourself. The Gohonzon exists only within the mortal flesh of us ordinary people who embrace the Lotus Sutra and chant Nam-myoho-renge-kyo. (p. 832)

◆ 異体同心なれば万事を成じ同体異心なれば諸事叶う事なし （1463㌻）

If the spirit of many in body but one in mind prevails among the people, they will achieve all their goals, whereas if one in body but different in mind, they can achieve nothing remarkable. (p. 618)

㊳ 生死一大事血脈抄

御書全集1338㌻8行目～10行目

　相構え相構えて強盛の大信力を致して南無妙法蓮華経・臨終正念と祈念し給へ、生死一大事の血脈此れより外に全く求むることなかれ、煩悩即菩提・生死即涅槃とは是なり、信心の血脈なくんば法華経を持つとも無益なり

◇通・解◇

　よくよく心して強盛の大信力を起こして、南無妙法蓮華経、臨終正念と祈念しなさい。生死一大事の血脈をこれよりほかに決して求めてはならない。煩悩即菩提・生死即涅槃とは、このことである。信心の血脈がなければ、法華経を持っても無益である。

㊳ The Heritage of the Ultimate Law of Life

— *The Writings of Nichiren Daishonin*, vol. 1, p. 218

Be resolved to summon forth the great power of faith, and chant Nam-myoho-renge-kyo with the prayer that your faith will be steadfast and correct at the moment of death. Never seek any other way to inherit the ultimate Law of life and death, and manifest it in your life. Only then will you realize that earthly desires are enlightenment, and that the sufferings of birth and death are nirvana. Even embracing the Lotus Sutra would be useless without the heritage of faith.

語句の解説

題名については123㌻「語句の解説」を参照 / heritage 相続、相伝 / the ultimate Law of life [and death] 究極の生命の法。and death が付いて「生死一大事」の訳となる / Be resolved to ～（不定詞）…しようと決意しなさい / summon forth （勇気などを）奮いおこす / the great power of faith 「大信力」の訳 / chant 唱える / with the prayer that ～ …という祈りをもって。that 以

下が「臨終正念」の訳 / steadfast 確固とした / correct 正しい / at the moment of death 臨終の時 / Never seek 決して求めてはいけない / any other way to ～（不定詞）…する他のどんな方法も / inherit 受け取る、受け継ぐ / manifest 現す、顕現(けんげん)する / Only then will you realize ～ そのようにして初めて、あなたは…ということを覚(さと)るであろう。★ will you realize と you と will が倒置されているのは、only then と only が文頭にきたためである / earthly desires 字義的には、世俗的な欲望。「煩悩」の訳語として用いる / enlightenment 覚(さと)り / the sufferings of birth and death 生死の苦しみ / nirvana 涅槃(ねはん) / even ～ …でさえも / embrace （信仰などを）持(たも)つ、奉ずる / the Lotus Sutra 法華経 / Even embracing the Lotus Sutra は動名詞構文で、「法華経を持つことさえも」の意 / would be useless 役に立たないであろう。wouldは仮定法過去を表す / without ～ …がなければ。if it were not for と同じ意味 / the heritage of faith 「信心の血脈」の訳

参考 「煩悩即菩提」「生死即涅槃」の"即"はどう訳す？

Earthly desires are enlightenment. と The sufferings of birth and death are nirvana. は、それぞれ「煩悩即菩提」「生死即涅槃」の訳である。

「煩悩即菩提」とは、煩悩にも菩提（覚り）にもそれぞれの固定的な実体はなく（これを仏教では「空(くう)」という）、両者は不二（not two, inseparable）であるという究極の法理である。ゆえに、煩悩は菩提の縁となり、煩悩が菩提に転じる（Earthly desires are transformed into enlightenment.)のであるが、その面だけを表現すると、不二の側面が見失われる。そこで、英訳では便宜的に、この翻訳を用いている。煩悩と菩提という正反対のものを Be 動詞で結びつけることにより、読者に特別な意味があることを意識させる狙いがある。「生死」と「涅槃」についても同じであり、これらは対句として用いられる。

参考 「信心の血脈なくんば…」の英訳

「信心の血脈なくんば法華経を持つとも無益なり」の英訳は以下である。Even embracing the Lotus Sutra would be useless without the heritage of faith.「信心の血脈なくんば」という従属節と主節が、原文と英訳では前後が逆になっている。

原文を直訳すれば、Without the heritage of faith, it would be useless to embrace the Lotus Sutra. となるだろう。しかし、「法華経を持つとも無益なり」とは強い表現である。法華経を持てば成仏するという教えを否定しているかに見える。

英訳では、Even embracing the Lotus Sutra would be useless と、「法華経を持つことさえも」を主語にして、文意を生かしている。その上で、その理由として without the heritage of faith を掲げている。ここでは「信心の血脈」が、「法華経を持つ」ことの内実ないしは必須の要件として提示されているのである。

なお、heritage は rich heritage of folklore（MWU）などと使われるように、伝えられてきたもの、さらには未来へ伝えていくべきものを含意し、ここでは、信心の正統な継承を表している。

㊴ 祈禱抄(きとうしょう)

御書全集 1351㌻ 18行目 ～ 1352㌻ 1行目

大地(だいち)はささばはづるるとも虚空(おおぞら)をつなぐ者(もの)はありとも・潮(しお)のみち干(ひ)ぬ事(こと)はありとも日(ひ)は西(にし)より出(い)づるとも・法華経(ほけきょう)の行者(ぎょうじゃ)の祈(いの)りのかな叶(は)ぬ事はあるべからず

たとえ、大地をさして外(はず)れることがあっても、大空をつなぎ合わせる者があっても、潮の満ち干(ひ)がなくなることがあっても、太陽が西から昇るようなことがあっても、法華経の行者の祈りが叶(かな)わないことは絶対にないのである。

㊴ On Prayer

— *The Writings of Nichiren Daishonin*, vol. 1, p. 345

Though one might point at the earth and miss it, though one might bind up the sky, though the tides might cease to ebb and flow and the sun rise in the west, it could never come about that the prayers of the practitioner of the Lotus Sutra would go unanswered.

語句の解説

prayer 祈り、祈願。On Prayer 本抄の題名「祈禱抄」の訳。文字通りには「祈りについて」/ Though 〜 たとえ…であっても ★ though は in spite of the possibility that や even if の意味を表す。仮定を表し、動詞の前には might や should が付く（might は事実と反対の仮定を表す）/ point at 〜 …を指さす / the earth 大地 / miss （的を）はずす / bind up 結ぶ、縛る / the tides 潮（の干満{かんまん}）/ cease to 〜（不定詞）…することが途絶える、止{や}む / ebb （潮が）引く / flow （潮が）満ちる / though the tides might cease to ebb and flow たとえ潮の満ち干{ひ}が止まったとしても / the sun rise in the west 太陽が西から昇る。the sun might rise の might が省略されている / it could never come about that 〜 …が起こることはあり得ない。come about は happen（起きる）と同じ意味。it は that 以下を指す形式主語 / practitioner of the Lotus Sutra 法華経の行者・実践者 / go unanswered （祈りが）叶わない。unanswered は、反応がない、報いられないという意味の形容詞。go は（概して好ましくない状態に）なる（become, grow）という意味。go bad なら「悪くなる」

㊵ 諸法実相抄

御書全集 1361㌻ 10行目〜13行目

　一閻浮提第一の御本尊を信じさせ給へ、あひかまへて・あひかまへて・信心つよく候て三仏の守護をかうむらせ給うべし、行学の二道をはげみ候べし、行学たへなば仏法はあるべからず、我もいたし人をも教化候へ、行学は信心よりをこるべく候、力あらば一文一句なりともかたらせ給うべし

　全世界第一の御本尊を信じていきなさい。よくよく心して信心を強くし、釈迦仏・多宝仏・十方の諸仏の守護を受けていきなさい。行学の二道に励んでいきなさい。行学が絶えてしまえば仏法はない。自分も行い、人をも教え導いていきなさい。行学は信心から起こる。力があるなら一文一句であっても人に語っていきなさい。

㊵ The True Aspect of All Phenomena

— *The Writings of Nichiren Daishonin*, vol. 1, p. 386

Believe in the Gohonzon, the supreme object of devotion in all of Jambudvīpa. Be sure to strengthen your faith, and receive the protection of Shakyamuni, Many Treasures, and the Buddhas of the ten directions. Exert yourself in the two ways of practice and study. Without practice and study, there can be no Buddhism. You must not only persevere yourself; you must also teach others. Both practice and study arise from faith. Teach others to the best of your ability, even if it is only a single sentence or phrase.

語句の解説

the true aspect 真実の様相。「実相」の訳 / phenomena (phenomenon の複数形) 現象。「諸法」の「法」の訳 / The True Aspect of All Phenomena 本抄の題名「諸法実相抄」の訳。文字通りには「あらゆる現象の真実の相」/ believe in 〜 …を信じる / supreme 最高の、この上ない / object 対象 / devotion 信仰、信心 / object of devotion 「本尊」の訳 / Jambudvīpa 一閻浮提、

閻浮提ともいう。サンスクリット（梵語）のジャンブドヴィーパの音を漢字で表したもの。全世界を表す / the supreme object of devotion in all of Jambudvīpa「一閻浮提第一の御本尊」の訳 / be sure to 〜（不定詞）確実に（必ず）…する。ここでは命令文なので「必ず…しなさい」/ strengthen 強くする、強固にする / faith 信仰、信心 / receive 身に受ける、こうむる / protection 保護、守護 / Shakyamuni, Many Treasures, and the Buddhas of the ten directions 釈迦（仏）、多宝（仏）、十方（分身）仏。「三仏」の訳（法華経宝塔品第11に説かれる3種の仏のこと）★三つの言葉を and でつなぐ場合の comma の付け方については、72ページ「語句の解説」を参照 / exert oneself 努力する、励む / practice 実践、行 / study 学習、学 / in the two ways of practice and study 行学の二道に（励む）。ちなみに、「信行学」は faith, practice, and study という / without 〜 …なしに、…がなければ / there can be no Buddhism 仏法はありえない。★この can は可能性を表し、否定文では「…するはずがない」「…はありえない」の意味で使われる / must 〜 …しなければならない。You are urged to 〜の意味 / not only A (but) also B　A をするだけでなく B もする。ここでは but の代わりに、you must also teach と意味が強められている / You must not only persevere yourself; you must also teach others. 自分が実践するだけでなく、他の人たちにも教えてあげなければならない / persevere たゆまず努める。yourself は「あなた自身が努める」の意 / both A and B　A も B も、A と B の両

方とも／arise from ～ …から起こる、生ずる／to the best of one's ability 自分の能力を最大限に発揮して、力の及ぶ限り ★通解では「力があるならば」と、原文を文字通りに訳しているが、これをそのまま英訳すると、「力がなければ語らなくてもよい」と誤解される恐れがあるため、to the best of your ability と訳された。次に「一文一句なりとも」（even if it is only a single sentence or phrase）とあるので、原文の趣旨とかけ離れていないと思われる／even if ～ たとえ…でも、…だとしても／a single sentence or phrase 一つの文や句／even if it is only a single sentence or phrase もし、それがたった一つの文や句であったとしても。only は a single の意味を強調

参考　「諸法実相」について

「諸法実相」の法理は、法華経の方便品第2で説かれる。「諸法」とはあらゆる現象（all phenomena）であり、「実相」とは真実のすがた（the true aspect）で、究極の真理を表す。これは、仏がその智慧で覚知した万物の真実のすがたをいう。

「諸法の実相」（the true aspect of all phenomena）といっても、「諸法」と「実相」は別々のものではなく、「諸法」はそのまま「実相」の現れであり、「実相」は決して「諸法」から離れて存在するものではない。この意味においては、「諸法即実相」つまり、諸法がそのまま実相であるということになる。

㊶ 椎地四郎殿御書（如渡得船御書）

御書全集1448㌻ 8行目～10行目

　法師品には若是善男子善女人乃至則如来使と説かせ給いて　僧も俗も尼も女も一句をも人にかたらん人は如来の使と見えたり、貴辺すでに俗なり善男子の人なるべし、此の経を一文一句なりとも聴聞して神にそめん人は生死の大海を渡るべき船なるべし

通　解

　法華経法師品第10には、「もしこの善男子・善女人は、（私〈釈尊〉が滅度した後、ひそかに一人のためであっても、法華経の一句なりとも説くなら、まさに知りなさい）この人はすなわち如来の使いである」と説かれており、僧も俗も尼も女も、法華経を一句でも人に語る人は如来の使いであるというのである。今、あなたは俗であり、ここに説かれる善男子にあたる人である。この法華経の一文一句でも聴聞して心に染める人は、生死の大海を渡ることができる船のようなものである。

㊶ A Ship to Cross the Sea of Suffering

— *The Writings of Nichiren Daishonin*, vol. 1, p. 33

A passage from the "Teacher of the Law" chapter reads: "If one of these good men or good women [in the time after I have passed into extinction is able to secretly expound the Lotus Sutra to one person, even one phrase of it, then you should know that] he or she is the envoy of the Thus Come One." This means that anyone who teaches others even a single phrase of the Lotus Sutra is the envoy of the Thus Come One, whether that person be priest or layman, nun or laywoman. You are already a lay practitioner and therefore one of the "good men" described in the sutra. One who listens to even a sentence or phrase of the sutra and cherishes it deep in one's heart may be likened to a ship that crosses the sea of the sufferings of birth and death.

語句の解説

ship 船 / cross 渡る / the sea of suffering「(生死の)苦しみの海」/ A Ship to Cross the Sea of Suffering 本抄の別名「如渡得船御書」の訳。文字通りには「(生死の)苦海を渡る船」/ a passage 一節 / the "Teacher of the Law" chapter (法華経の)法師品 / read 書いてある / If one of these good men or good women「若是善男子善女人」の訳。英訳では「これらの善男子・善女人の一人が」である / [in the time after ... that] は原文では「乃至」と省略されている部分を補足した / pass into extinction (仏が)入滅(にゅうめつ)する / secretly expound ひそかに説く。expound A to B AをB(人)に説く。英訳では「法華経を一人に説く」(expound the Lotus Sutra to one person)と述べた上で、「その一句でも」(even one phrase of it)をカンマではさんで続けている / you should know that 経文の「当(まさ)に知るべし」の訳 / he or she 先のone of these good men or good womenを受ける。その一人は男性か女性のどちらかになるので、he or she としている / envoy 使者 / the Thus Come One 如来(115ページ「語句の解説」を参照) / mean 意味する / teach others 〜 他の人たちに…を教える、説く / even a single phrase 一句でも / the Lotus Sutra 法華経 / whether 〜 be A or B …がAであろうとBであろうと ★譲歩節(ここでは whether で始まる節)の中で仮定法現在形として be が用いられている / priest 僧侶 / layman 男性の在家信徒 / nun 尼僧(にそう) / laywoman 女性の在家信徒 / a lay practitioner

在家の実践者。「俗」の訳 / described in the sutra その経（法華経を指す）に述べられている / a sentence or phrase 一つの文か一つの句。「一文一句」の訳 / cherish 〜 deep in one's heart …を心に深くいだく。「神にそめん」の訳 / be likened to 〜 …にたとえられる / the sea of the sufferings of birth and death「生死の大海」の訳。この生死は迷いの世界の生死であり、苦しみを招くので、英訳では the sufferings of を入れて「生死の苦しみ」としている。

参考　「如渡得船」――万人の願いを満たす功徳の譬喩

　法華経薬王品第23に、法華経の一切衆生の願いを満たす功徳が、さまざまな譬喩をあげて説かれている。たとえば、「清涼の池の能く一切の諸の渇乏の者を満たすが如く」（法華経597ページ）と。英訳には、This sutra can bring great benefits to all living beings and fulfill their desires, as a clear cool pond can satisfy all those who are thirsty.（*The Lotus Sutra*, p. 327）とある。

　「渡りに船を得たるが如く」（如渡得船）もその一つで、英訳は、[It is like] someone finding a ship in which to cross the water.（*The Lotus Sutra*, p. 328）である。本抄の題名は、本文の「生死の大海を渡るべき船なるべし」a ship that crosses the sea of the sufferings of birth and death に合わせて、A Ship to Cross the Sea of Suffering とした。

㊷ 弥三郎殿御返事

御書全集1451㌻10行目～12行目

但偏に思い切るべし、今年の世間を鏡とせよ若干の人の死ぬるに今まで生きて有りつるは此の事にあはん為なりけり、此れこそ宇治川を渡せし所よ・是こそ勢多を渡せし所よ・名を揚るか名をくだすかなり

<通解>

ただひとえに思い切りなさい。今年の世間の様子を鏡としなさい。多くの人が死んだのに、今まで生きながらえてきたのは、このこと（今回の法論）にあうためである。この戦いこそ宇治川を渡すところであり、この戦いこそ勢多川を渡すところである。勝利して名を上げるか、敗れて名を下すかの境目である。

㊷ Reply to Yasaburō

— *The Writings of Nichiren Daishonin*, vol. 1, p. 829

You must simply make up your mind. Look at the world this year as a mirror. The reason that you have survived until now when so many have died was so that you would meet with this affair. This is where you will cross the Uji River. This is where you will ford the Seta. This will determine whether you win honor or disgrace your name.

reply to ～ …への返事、返信 / simply ただ、ひとえに / make up one's mind 決心する / the world 世の中、世間 / as a mirror 鏡として / survive 生きる、生き残る / until now 今まで / the reason that (A) was so that (B) (A)であった理由は(B)のためであった / when so many [people] have died 多くの人が亡くなったのに / meet with ～ …に遭遇する / affair 事態、事柄 / cross (川などを)渡る / the Uji River 宇治川(京都を流れる川) / ford (川などの浅瀬)を(歩いて)渡る / the Seta [River] 勢多(瀬田)川(宇治川も勢多川も、古来、京都の防衛線として天下の戦いを決する要衝であった) / determine 決定する / whether A or B AかBか / win honor 名誉を勝ち取る、名誉を得る / disgrace one's name 名を汚す

㊸ 異体同心事

御書全集1463㌻題号から5行目～7行目

　日本国の人人は多人なれども体同異心なれば諸事成ぜん事かたし、日蓮が一類は異体同心なれば人人すくなく候へども大事を成じて・一定法華経ひろまりなんと覚へ候、悪は多けれども一善にかつ事なし、譬へば多くの火あつまれども一水にはきゑぬ、此の一門も又かくのごとし

通解

　日本国の人々は、多人数ではあっても体同異心であるから、何事も成就することは難しい。日蓮の一門は異体同心であるから、人数は少ないけれども大事を成就して、必ず法華経は広まるであろうと思うのである。悪は多くても一善に勝つことはないのである。たとえば、多くの火が集まっても、一水によって消えてしまう。この一門もまた同様なのである。

㊸ Many in Body, One in Mind

— *The Writings of Nichiren Daishonin*, vol. 1, p. 618

Though numerous, the Japanese will find it difficult to accomplish anything, because they are divided in spirit. In contrast, although Nichiren and his followers are few, because they are different in body, but united in mind, they will definitely accomplish their great mission of widely propagating the Lotus Sutra. Though evils may be numerous, they cannot prevail over a single great truth, just as many raging fires are quenched by a single shower of rain. This principle also holds true with Nichiren and his followers.

Many in Body, One in Mind 本抄の題名「異体同心事」の訳。文字通りには「身体は多く、心は一つ」／ Though [they are] numerous 数は多いけれども、[ ]の部分が省略されている／ the Japanese 日本人／ find it difficult to 〜（不定詞）…をすることが難しいことを知る。find は「（経験などによって）知る」。it は to 以下を指す／ accomplish 成し遂げる、成就する／

anything（否定文で）何も、何事も。ここでは difficult to accomplish（成し遂げることが難しい）と否定的な表現が使われている / because 〜 …なので / be divided 分かれている、分裂している / in spirit 精神において、気持ちの上で / In contrast, 対照的に、（それに）比べて / although 〜 …けれども、…にもかかわらず / follower 信奉者、弟子、門下 / Nichiren and his followers「日蓮が一類（一門）」の訳 / few 少ない。not many の意 / different in body 身体は異なっている / united in mind 心は団結している / definitely 必ず / definitely accomplish their great mission of widely propagating the Lotus Sutra「大事を成じて一定法華経ひろまりなん」を、広く法華経を広めるという彼らの偉大な使命（原文は「大事」）を必ず達成する、と訳している。「（大事を成し遂げて）法華経は広まるであろう」という日本語を、「法華経を広める（という大事を成し遂げる）」と能動的に英訳している / Though (= even if) evils may be numerous, たとえ悪が多くても / prevail over 〜 …に打ち勝つ / a single great truth 一つの偉大な真実。「一善」の訳 / just as 〜 ちょうど…のように / raging 激しい、猛烈な / quench 消す / a single shower of rain 一降りの雨。a single great truth に対応する表現になっている / This principle この原理（多くの悪も一善に勝てないということ）/ hold true with 〜 …に当てはまる、…の場合でもそう言える

〈補足説明〉「異体同心」の二つの英訳——翻訳の秘訣

　本抄の英訳で、同じ「異体同心」という言葉が2通りに訳されている。すなわち many in body, one in mind と different in body, but united in mind である。

　本抄の中で、(1) 一人の心であっても二つに分かれれば、大事を成ずることはできないが、逆に百人千人であっても、心が一つであれば成ずることができる、と説かれている。この趣旨を表したのが many in body, one in mind である。次に、(2) 日蓮の一門は、数は少ないが異体同心であるから、法華経を広めることができる、とある。この趣旨を表したのが different in body, but united in mind である。

　(2) の場合、文脈で見ると「人人すくなく候へども」とあるので、many in body, one in mind は使えない。ゆえに different in body, but united in mind と訳している。many in body, one in mind では、many と one が対比されている。では、同様に different in body, but same in mind ではどうか。これは「異体同心」の文字通りの英訳になっているが、やはりここは心が一つになっていることを強調したいので、united in mind とした。

　翻訳においては、単に言葉を訳すのではなく、その意味を汲んで訳すことが大切である。ある翻訳者が、「翻訳に秘訣があるとすれば、それは文に即くのではなく、意に即くことである。というより、翻訳しようとすれば、意に即くしかないのである」と述べていることは注目に値する。

㊹ 減劫御書(げんこう)

御書全集1466㌻13行目〜15行目

　法華経に云く「皆実相と相違背せず」等云云、天台之を承けて云く「一切世間の治生産業は皆実相と相違背せず」等云云、智者とは世間の法より外に仏法を行ず、世間の治世の法を能く能く心へて候を智者とは申すなり

　法華経の法師功徳品第19には「(法華経を受持し抜いた人が世間のいかなることを説いても)みな実相に違背しない」とあり、天台はこれを承けて「世間一般の生活のための仕事やなりわい等の社会的行為は、みな実相に違背しない」と言っている。智者とは世間の法以外に仏法を行ずるのではない。世間において世を治める法を十分に心得ている人を智者というのである。

㊹ The Kalpa of Decrease

— *The Writings of Nichiren Daishonin*, vol. 1, p. 1121

The Lotus Sutra states, "[The doctrines that they preach . . .] will never be contrary to the true reality." T'ien-t'ai commented on this, saying that "no worldly affairs of life or work are ever contrary to the true reality." A person of wisdom is not one who practices Buddhism apart from worldly affairs but, rather, one who thoroughly understands the principles by which the world is governed.

kalpa サンスクリットの言葉が英語になったもので、「劫」という極めて長い時間の単位を表す / decrease 減少 / The Kalpa of Decrease「減劫御書」の訳。「減劫」とは、人の寿命が次第に短くなる（減）極めて長い期間（劫）のこと / the Lotus Sutra 法華経 / state 言う / doctrine 教義、教説 / preach（法を）説く / be contrary to ～ …に反する / true 真実の / reality 実在 / the true reality「実相」の訳。the true aspect ともいう / T'ien-t'ai 天台（大師）/ comment 注釈する。that 以下の文については「檀越某御返事」の「語句の解説」（109ページ）を参照 / worldly 世間の /

減劫御書　147

affair 事柄（ことがら）/ person of wisdom 智者、賢人 / practice 行う、実践する / Buddhism 仏教、仏法 / apart from 〜 …を離れて / rather むしろ / thoroughly 完全に。「能く能く」の訳 / principle 原理、原則 / world 世界、世の中 / govern 統治する / the principles by which the world is governed 世を治めるためのさまざまな原理

補足説明 「智者とは世間の法より外に仏法を行（おこなわ）ず」の英訳

「智者とは世間の法より外に仏法を行ず、世間の治世の法を能く能く心へて候を智者とは申すなり」の英訳は以下である。

A person of wisdom is not one who practices Buddhism apart from worldly affairs but, rather, one who thoroughly understands the principles by which the world is governed.

原文では、「智者」が2回出てくるが、英訳では、原文の二つの文章の主語を「智者」に統一して、智者とは何かという形になっている。すなわち、A person of wisdom is not one who . . . but one, rather, who . . . と訳されている。この one は、a person の代名詞であり、not A but B（A ではなく B である）の形を用いて、「智者」とは、「世間の法以外に仏法を行ずる人」ではなく、「世間において世を治める法を十分に心得ている人」である、と訳している。「世を治める法」は、the principles by which the world is governed である。原文は、智者が直接世を治めるという意味ではないから、受動態を用いて「治世の諸原理」と客観的に表現している。

㊺ 高橋殿御返事（米穀御書）

御書全集1467㌻題号から3行目〜5行目

　かかる今時分人をこれまでつかはし給う事うれしさ申すばかりなし、釈迦仏・地涌の菩薩・御身に入りかはらせ給うか。
　其の国の仏法は貴辺にまかせたてまつり候ぞ、仏種は縁に従って起る 是の故に一乗を説くなるべし

　通解

　今、このような時に、（お米の供養のために）人をここまで遣わされたことは、言いようがないほど、うれしいことです。釈迦仏や地涌の菩薩が、あなたの御身に入れ替わられているのでしょうか。
　その国の広宣流布はあなたにお任せします。仏種は縁によっておこるものです。それゆえに一乗の法（法華経）を説くのです。

㊺ The Properties of Rice

— *The Writings of Nichiren Daishonin*, vol. 1, p. 1117

I cannot express my joy at your having sent a messenger all the way here at such a time. Can it be that Shakyamuni Buddha or the Bodhisattvas of the Earth have taken possession of your body?

I entrust you with the propagation of Buddhism in your province. It is stated that "the seeds of Buddhahood sprout as a result of conditions, and for this reason they preach the single vehicle."

The Properties of Rice 本抄の別名「米穀御書」の訳 / property 性質、特性 / express one's joy at 〜 …に喜びを表す。express = represent in words ★ cannot が付いて「喜びを言葉で言い表すことができない」の意 / your having sent a messenger 動名詞構文で your が主語で、「あなたが使者を遣わしたこと」/ all the way はるばる / at such a time このような時に / Can it be that 〜? …(that 以下)であろうか。can は疑問を表す。Can it be true? 本当だろうか。cf. It can't be true. 本当であるはずが

ない / Shakyamuni Buddha 釈迦仏 / the Bodhisattvas of the Earth 地涌の菩薩 / take possession of　取り付く。possession の意味は the condition of being dominated by something (as an extraneous personality, demon, passion, idea, or purpose)(MWU) である。ここでは、「御身に入りかはらせ給うか」の訳語として使われている / entrust (a person) with ～（人に）…をゆだねる / propagation 布教、弘教 / Buddhism 仏教、仏法 / province 昔の日本国内の国（the province of Suruga 駿河の国、the province of Sado 佐渡の国など）/ state 述べる。it is stated that ～ …と説かれている / the seeds of Buddhahood 仏種、成仏の種子 / sprout 芽を出す / as a result of ～ …の結果として / conditions 諸条件。「縁」の訳 / for this reason この理由で、このために / preach 説く / vehicle 乗り物。仏教では仏の教えを乗り物にたとえる / the single vehicle 一乗 / "the seeds of Buddhahood sprout . . . they preach the single vehicle." 法華経方便品第2の文。仏が説いた一仏乗の教え（法華経）を縁として仏種（仏性）が現れる、との原理を示す。

㊻ 三三蔵祈雨事

御書全集1468㌻1行目～3行目

夫れ木をうえ候には大風吹き候へどもつよきすけをかひぬれば・たうれず、本より生いて候木なれども根の弱きは・たうれぬ、甲斐無き者なれども・たすくる者強ければたうれず、すこし健の者も独なれば悪しきみちには・たうれぬ

そもそも、木を植える場合、大風が吹いたとしても、強い支えがあれば倒れない。もともと生えていた木であっても、根の弱いものは倒れてしまう。弱く不甲斐ない者であっても、助ける者が強ければ倒れない。少し頑健な者でも、独りであれば悪い道では倒れてしまう。

㊻ Three Tripitaka Masters Pray for Rain

— *The Writings of Nichiren Daishonin*, vol. 1, p. 598

When a tree has been transplanted, though fierce winds may blow, it will not topple if it has a firm stake to hold it up. But even a tree that has grown up in place may fall over if its roots are weak. Even a feeble person will not stumble if those supporting him are strong, but a person of considerable strength, when alone, may fall down on an uneven path.

Tripitaka はサンスクリットの「トリピタカ」(three baskets の意味) で、経蔵・律蔵・論蔵の三蔵 (三つの蔵) をいう。Tripitaka master は「三蔵（法師）」の英訳で、経蔵・律蔵・論蔵の三蔵に通達した高僧の尊称である。中国では、仏典の翻訳者にも使われた。(鳩摩) 羅什三蔵などがそれである / pray for ～ …を祈る / Three Tripitaka Masters Pray for Rain 本抄の題名「三三蔵祈雨事」の訳。文字通りには「３人の三蔵が祈雨を行う」/ transplant (植物・器官等を) 移植する / though ～ …であっても。even if の意 / fierce wind 猛烈な風 / blow 吹く / topple (木

などが)倒れる / firm 堅固な、ぐらつかない / stake 棒 / hold up 支える。hold up ＋名詞（hold up the tree）だが、hold ＋代名詞＋ up（hold it up）と品詞によって位置が変わる点に注意 / grow up 育つ / in place 同じ場所で。a tree that has grown up in place は、もともとその場所で生育した木の意 / fall over 倒れる / root 根 / feeble 弱い、体力がない / stumble つまずいて転ぶ / those supporting him（＝ those who support him）彼を支える人たち / considerable 相当な / strength 強さ / of considerable strength「of ＋ 抽象名詞（ここでは strength）」で形容詞句となり、名詞（ここでは a person）を修飾する。また、抽象名詞に度合いを表す形容詞（ここでは considerable）をつけることがある。a person of considerable strength は a considerably strong person の意味である。a feeble person（力の弱い人）に対して、「相当力の強い人でも」と、対比を明確にするために用いられている / when [he is] alone ひとりであれば / fall down 倒れる / uneven 平坦でない、でこぼこの / path 道

コラム 心に留めておきたい要文(6)

◆ 法華経を信ずる人は・さいわいを万里の外よりあつむべし
(1492㌻)

Those who now believe in the Lotus Sutra will gather fortune from ten thousand miles away. (p. 1137)

◆ いきてをはしき時は生の仏・今は死の仏・生死ともに仏なり、即身成仏と申す大事の法門これなり (1504㌻)

When he was alive, he was a Buddha in life, and now he is a Buddha in death. He is a Buddha in both life and death. This is what is meant by that most important doctrine called attaining Buddhahood in one's present form. (p. 456)

◆ 夫れ浄土と云うも地獄と云うも外には候はず・ただ我等がむねの間にあり、これをさとるを仏といふ・これにまよふを凡夫と云う (1504㌻)

Neither the pure land nor hell exists outside oneself; both lie only within one's own heart. Awakened to this, one is called a Buddha; deluded about it, one is called an ordinary person. (p. 456)

◆ 人のために火をともせば・我がまへあきらかなるがごとし
(1598㌻)

If one lights a fire for others, one will brighten one's own way. (vol. 2, p. 1060)

㊼ 三三蔵祈雨事
さんさんぞう き う のこと

御書全集1468㌻6行目〜8行目

されば仏になるみちは善知識にはすぎず、わが智慧なににかせん、ただあつきつめたきばかりの智慧だにも候ならば善知識たいせちなり、而るに善知識に値う事が第一のかたき事なり

それゆえ、仏になる道は善知識に勝るものはない。自分の智慧が何の役に立つであろうか。ただ温かい寒いと感じる智慧だけでもあるならば、善知識が大切である。

しかしながら、善知識にあうことが最も難しいことである。

㊼ Three Tripitaka Masters Pray for Rain

— *The Writings of Nichiren Daishonin*, vol. 1, p. 598

Therefore, the best way to attain Buddhahood is to encounter a good friend. How far can our own wisdom take us? If we have even enough wisdom to distinguish hot from cold, we should seek out a good friend.

But encountering a good friend is the hardest possible thing to do.

語句の解説

Tripitaka master 三蔵（法師）。経蔵・律蔵・論蔵の三蔵に通達した高僧の尊称。詳しくは153ページ「語句の解説」を参照 / pray for 〜 …を祈る / Three Tripitaka Masters Pray for Rain 本抄の題名「三三蔵祈雨事」の訳。文字通りには「３人の三蔵が祈雨を行う」/ attain Buddhahood 成仏する、仏界を成就する / the best way to attain Buddhahood 仏になる最善の道。way = method of accomplishing / encounter 〜 …に出会う（出合う）。unexpectedly meet or be faced with（POD）予期せずに出会う（出合う）の意 / a good friend よい友。これはサンスクリットの言葉をそのまま訳している。「善友」〈ぜんう、ぜんぬ〉とも漢訳される。「善知識」の「知識」は、中国古典では知人の意味である。善い信仰の友をいう / How far can our own wisdom take us? は、（成仏を目指しても）自分自身の智慧でどこまで行けるのか（大して遠くまで行けない）という意味である / If we have even enough wisdom to 〜 …するだけの智慧さえ持っていれば / distinguish A from B　AとBを区別する。ここでは、暑さ（熱さ）と寒さ（冷たさ）を区別する / seek out 捜し出す / the hardest possible thing 最も困難なこと。possible は、being such to the utmost degree（MWU）の意味で、最大限そのようであることを表す。ここでは、最上級に付けて強調するために用いられている。the largest number possible, at the highest possible speed など

㊽ 上野殿後家尼御返事 (地獄即寂光御書)

御書全集1505㌻8行目～10行目

　法華経の法門をきくにつけて・なをなを信心をはげむを・まことの道心者とは申すなり、天台云く「従藍而青」云云、此の釈の心はあいは葉のときよりも・なをそむれば・いよいよあをし、法華経はあいのごとし修行のふかきは・いよいよあをきがごとし

　法華経の教えを聞くにつけて、ますます信心に励むのを、まことの道心者というのです。天台大師は「藍よりして而も青し」といわれています。この釈の意味は、藍は葉の時よりも、染めれば染めるほど、いよいよ青くなるということです。法華経は藍のようであり、修行が深いのは、藍が染まるにしたがって、ますます青くなるようなものです。

㊽ Hell Is the Land of Tranquil Light

— *The Writings of Nichiren Daishonin*, vol. 1, p. 457

One who, on hearing the teachings of the Lotus Sutra, makes even greater efforts in faith is a true seeker of the way. T'ien-t'ai states, "From the indigo, an even deeper blue." This passage means that, if one dyes something repeatedly in indigo, it becomes even bluer than the indigo leaves. The Lotus Sutra is like the indigo, and the strength of one's practice is like the deepening blue.

hell 地獄 / the Land of Tranquil Light 「寂光土」の訳 / Hell Is the Land of Tranquil Light 本抄の別名「地獄即寂光御書」の訳 / One who ～ …する人。one は一般に人を表す。any person, as representing people in general (COD) / on hearing ～ …を聞くとすぐに / the teachings of the Lotus Sutra 法華経の教え / make even greater efforts in faith 信仰においてさらに大きな努力をする。even は比較級（この場合 greater）を強めて「さらに、いっそう」の意。後に出てくる even bluer も同じ用法 / a true seeker of the way 真の求道者。「まことの道心者」の訳 / T'ien-t'ai 天台（大師）/ state 述べる / "From the indigo, an even deeper blue." 藍から出て、（藍よりも）さらに深い青（となる）。「従藍而青」の訳 / indigo 藍色染料とそれを採る植物としての藍（indigo plant ともいう）を意味する。次に出てくる indigo leaves は植物としての藍の葉 / passage 一節 / mean 意味する / if …「染めると」という条件を表す副詞節 / dye ～ in indigo …を藍色に染める / something （何か）あるもの★日本語は「なをそむれば」で、染めるの目的語はないが、英語では必要になるため something が入っている / repeatedly 繰り返して / leaves leaf（葉）の複数形 / like ～ …のような / strength 強さ / practice 実践、修行 / the strength of one's practice「修行のふかきは」の訳 / the deepening blue 深まる青（い色）

㊾ 上野殿御返事（刀杖難事）

御書全集1557㌻18行目〜1558㌻2行目

　とにかくに法華経に身をまかせ信ぜさせ給へ、殿一人にかぎるべからず・信心をすすめ給いて過去の父母等をすくわせ給へ。
　日蓮生れし時より・いまに一日片時も・こころやすき事はなし、此の法華経の題目を弘めんと思うばかりなり

〈通　解〉

　ともかくも法華経に身を任せて信じていきなさい。あなた一人が信じるだけでなく、信心をすすめて、過去の父母らを救っていきなさい。
　日蓮は、生まれた時から今に至るまで、一日片時も心の安まることはなかった。ただ、この法華経の題目を弘めようと思うばかりである。

㊾ Persecution by Sword and Staff

— *The Writings of Nichiren Daishonin*, vol. 1, pp. 964-65

Be that as it may, commit yourself to the Lotus Sutra and have faith in its teachings. You must not only believe in them yourself, but also encourage others to do the same, so that you may save those who were your parents in all your past existences.

From the time that I was born until today, I have never known a moment's ease; I have thought only of propagating the daimoku of the Lotus Sutra.

Persecution by Sword and Staff　本抄の別名「刀杖難事（とうじょうのなんのこと）」の訳。文字通りの意味は「刀と杖による迫害」／ staff　杖、棒。この場合は武器としての杖や棍棒（club, cudgel）を意味する／ Be that as it may　それはともかく、いずれにせよ／ commit oneself to ～　…に献身する。「身をまかせ」の訳／ the Lotus Sutra　法華経／ have faith in ～　…を信じる／ its teachings　その（法華経の）教え。teaching（単数）は「教えること」という意味があり、「教え」の場合は複数形にすることが多い／ not only A but also B　Aば

かりでなくBも。AとBは、Aが名詞（句）ならばBも名詞（句）、Aが動詞（句）ならばBも動詞（句）というように、同じ品詞の言葉になる。この場合は、Aがbelieve in（動詞句）で、Bがencourage（動詞）である／believe in 〜 …を信じる／yourself あなた自身（が信じる）。Youを強調している／encourage one to 〜（不定詞） 人が…するように勧める、励ます／others 他の人たち／the same 同じこと。do the same（同じことをする）はbelieve in themを言い換えた表現／so that 〜 may do …がすることができるように／save 救う／those who were your parents in all your past existences すべての過去世においてあなたの両親であった人たち。仏教では過去に無数の生を受けたと説かれるので、そのたびに父母がいたことになる。過去世に自分の父母となったすべての人々を救いなさい、と教えられている／From the time that I was born 生まれた時から／until today 今日まで／know 経験する、経験して知っている／a moment's ease 一瞬の安らぎ／think only of 〜 ing …することばかり考えている／propagate 広める

㊿ 上野殿御返事（竜門御書）

御書全集1561㌻1行目～5行目

　願くは我が弟子等・大願ををこせ、去年去去年のやくびやうに死にし人人の・かずにも入らず、又当時・蒙古のせめに・まぬかるべしともみへず、とにかくに死は一定なり、其の時のなげきは・たうじのごとし、をなじくは・かりにも法華経のゆへに命をすてよ、つゆを大海にあつらへ・ちりを大地にうづむとをもへ、法華経の第三に云く「願くは此の功徳を以て普く一切に及ぼし我等と衆生と皆共に仏道を成ぜん」云云

◇通　解◇

　願わくは、わが弟子たちよ、大願を起こせ。（あなたたちは）昨年、一昨年に流行した疫病で亡くなった人々の数にも入らなかった。また今、蒙古が攻めてきたら、死を免れることができるとも思えない。ともかくも死は避けることができない。その時の嘆きは、現在の迫害で死ぬ嘆きと変わらない。同じく死ぬのであれば、かりにも法華経のために命を捨てなさい。それこそ露を大海に入れ、塵を大地に埋めるようなものであると思いなさい。法華経第3の巻には「願わくは、この功徳をもって、あまねく一切に及ぼし、我らと衆生と、皆ともに仏道を成ぜん」と説かれている。

㊿ The Dragon Gate

— *The Writings of Nichiren Daishonin*, vol. 1, p. 1003

My wish is that all my disciples make a great vow. We are very fortunate to be alive after the widespread epidemics that occurred last year and the year before. But now with the impending Mongol invasion it appears that few will survive. In the end, no one can escape death. The sufferings at that time will be exactly like what we are experiencing now. Since death is the same in either case, you should be willing to offer your life for the Lotus Sutra. Think of this offering as a drop of dew rejoining the ocean, or a speck of dust returning to the earth. A passage from the third volume of the Lotus Sutra reads, "We beg that the merit gained through these gifts may be spread far and wide to everyone, so that we and other living beings all together may attain the Buddha way."

語句の解説

The Dragon Gate 本抄の別名「竜門御書」の訳 / My wish is that 「願くは」の訳 / wish 望み、願い / disciple 弟子 / make a great vow 大願を起こす、大きな誓いを立てる / be very fortunate to 〜（不定詞）たいへん幸運なことに…する（原文のニュアンスを訳出している）/ be alive 生きている / widespread 広範囲に及ぶ / epidemic 流行病、伝染病 / occur 起こる / last year and the year before [last] 昨年と一昨年 / impending（危険などが）今にも起こりそうな / invasion 侵入、侵略。But now with the impending Mongol invasion しかし蒙古の襲来が差し迫った今 ★with は付帯事情を示す語句を導く / it appears that 〜 …しそうである / few will survive 生き残る人はいくらもいないだろう。a few 〜と a を付ければ、生き残る人は少しはいるだろうとなる。not many but some の意。few は否定の意味あいが強く、a few は肯定の意味あいが強い / In the end 最終的には / no one can 〜 誰も…できない / escape death 死を免れる / suffering 苦しみ、不幸 / at that time その時 / exactly ちょうど、まさしく / like what we are experiencing now 私たちが今経験している（ことの）ような。what は関係詞（= those which, those things that）/ Since 〜 …なので（because）/ be the same 同じである / in either case どちらにしても / should be willing to 〜（不定詞）喜んで…すべきである / offer one's life for 〜 …に命（一身）をささげる / the Lotus Sutra 法華経 / Think of A as B　AをBと思いなさい／this offering　直前のoffer your life for the Lotus Sutraつまり法華経に命をささげることを指す／a drop of dew 一滴（いってき）の露／rejoin 再び一緒になる／the ocean 海／a speck of dust 一片の塵（ちり）／return to 〜 …へ戻る、帰る／the earth 大地／A passage from 〜 …からの一節／the third volume of the Lotus Sutra 法華経の第3巻（化城喩品（けじょうゆほん）第7の文）／read 〜 …と書いてある／beg 願う。We beg that 〜 that以下のことを願う。「願くは」の訳／the merit gained through these gifts これらの供養によって得られた功徳／spread 広める、いきわたらせる／far and wide 遠く広く、あまねく／everyone みんな。「一切」の訳／living beings 衆生／all together みんな一緒に／attain 達成する、成就する／the Buddha way 「仏道」の訳。仏の覚（さと）りのこと

参考　「願くは此の功徳を以て普く一切に及ぼし」の背景

「願くは此の功徳を以て普く一切に及ぼし我等と衆生と皆共に仏道を成ぜん」（御書全集1561㌻）

　法華経化城喩品第7（the "Phantom City" chapter）によると、十方のそれぞれに五百万億の仏の世界があり、それぞれの世界に梵天王（Brahman kings）がいる。大通智勝仏（Great Universal Wisdom Excellence Buddha）が阿耨多羅三藐三菩提（あのくたらさんみゃくさんぼだい）（supreme perfect enlightenment）の覚りを得た時、これらの世界はすべて六種に震動し、それぞれの世界の梵天王の宮殿は大いなる光明に包まれた。

上野殿御返事（竜門御書）　*167*

その時、まず東方の五百万億の梵天王が互いに行き来して、これはどういうことかと話し合った。その中の一人が「これは、仏が世間に出現せられたのであろう」と言い、皆で西方に行くと、大通智勝仏が菩提樹（the bodhi tree）の下に多くの衆生に囲まれて座り、仏の十六人の王子が仏に説法をお願いしていた。そこで、梵天王たちは天華を仏の上に散じ、続いておのおのが自分の宮殿を仏に供養した。

　このように、十方それぞれの五百万億の梵天王が、順次、供養を行うが、最後に上方の五百万億の梵天王が供養し終わって、「願くは此の功徳を以て普く一切に及ぼし我等と衆生と皆共に仏道を成ぜん」と述べて、大通智勝仏に法を説くようにお願いしたところ、仏は諸の梵天王と十六王子の請願を受けて、説法をした。

語句の解説索引
Index

あ

悪道 ················· 63
阿難 ············· 19, 42
阿耨多羅三藐三菩提 ········ 167
安立行菩薩 ············ 51

い

異体同心 ········ 123, 145
異体同心事（題名） ······· 143
一閻浮提 ········ 133, 134
一乗 ··········· 54, 56, 151
一念三千 ············· 62
一念無明の迷心 ········· 22
一仏乗 ········ 54, 56, 151
一切衆生 ··········· 19, 29
一生成仏抄（題名） ······· 21
意訳 ··············· 115

え

干支（えと） ········ 32, 33
穢土 ··············· 99

縁

縁覚界 ············ 55, 56
閻魔 ··············· 42

お

応身 ··············· 29
応報 ··············· 53
御義口伝（題名） ········ 36
音写（音訳） ·········· 115
陰魔 ··············· 63

か

開目抄（題名） ········· 15
餓鬼界 ·············· 55
呵責謗法滅罪抄（題名） ····· 77
迦葉 ·········· 19, 42, 112
諫暁八幡抄（題名） ······· 31

き

祈禱抄（題名） ········ 131
九界 ··············· 56
旧暦の月日の表記 ········ 32

行学 …………………………134
教主釈尊 …………85, 87, 88
兄弟抄（題名）……………62

く

功徳 ………19, 54, 96, 121, 167
蔵の財 ………………………81

け

化城喩品……………………167
減劫 …………………………147
現世安穏・後生善処 ………26

こ

劫 ……………………………147
業障 …………………………63
広宣流布……………………124
心の財 ………………………82
御本尊 …………………101, 102

さ

在家 …………………………39
佐渡御書（題名）……………47

覚り ……………………75, 128
三悪道 ………………………56
三三蔵祈雨事（題名）……153, 157
三障四魔 ………………62, 63, 71
三乗 ………………………54, 56
三身 …………………………29
三蔵 …………………………153, 157
三仏 …………………………134

し

四悪趣 ………………………56
地獄 ……………………19, 42, 159
地獄界 ………………………55
師子王 …………47, 91, 118, 121
師子吼 ………………………36
死身弘法……………………96
十界 …………………………55
十界の名称 ………………55, 56
実相 ………………109, 133, 147
十方 …………………………51
十方の仏菩薩………………121
慈悲 ………………………18, 32
四菩薩 ………………………51
死魔 …………………………63
釈尊（釈迦牟尼、釈迦）……51,

69, 79, 85, 87, 134, 151
寂光土 …………………159
邪法 ……………………47
舎利弗 ……………112, 115
十大弟子 ………………19
十羅刹（女）…………51, 77
宗派の名称 ……………118
従藍而青 ………………160
修行 ………51, 85, 109, 160
宿業 ………………39, 53, 54
種種御振舞御書（題名）……41
衆生 ………22, 23, 32, 59, 167
地涌の菩薩 …………51, 151
修羅界 …………………55
上行菩薩 ……………51, 112
浄行菩薩 ………………51
生死一大事血脈抄
　（題名）………………123
正直捨方便 ……………103
生死即涅槃 ……………128
聖人 ………………28, 91, 99
聖人御難事（題名）……91
成仏（する）……21, 29, 48, 59,
　72, 79, 102, 106, 157
正法 ………13, 47, 48, 62, 111
正法（時代）……………114
声聞界 …………………55

諸法実相 ………………135
諸法実相抄（題名）……133
信行学 …………………134
身軽法重 ………………96
信心 ………22, 93, 102, 133, 134
信心の血脈 …………128, 129
真如 ……………………22

せ

世親（菩薩）……………19
説法 ……………………36
善知識 …………………157

そ

像法（時代）……………114

た

大悪大善御書（題名）……111
大願 ………………124, 166
大師 ……………………19
大通智勝仏 ……………167
退転する ………………16
第六天の魔王 …………63, 98
多宝如来 ………………115

171

檀越某御返事（題名）……109
檀那 ……… 39, 101, 109, 123

ち

畜生界 ……………………55
智者 …………………47, 148

て

弟子 ……15, 36, 39, 41, 51, 101,
　123, 144, 166
天界 ………………… 54, 55
伝教（大師）……………19, 42
天子魔 ……………………63
転重軽受 …………………53
天親（菩薩）………………19
天台（大師）…… 19, 42, 147,
　160

に

二乗 ………………………56
日天（子）…………………79
如渡得船 ……………138, 139
如来 …………………115, 138
人界 …………………… 54, 55

人師 ………………………19

ね

涅槃 …………………54, 128
涅槃経 ……………………53
涅槃経疏 …………………96

ひ

譬喩品 ……………………103

ふ

不軽菩薩 …………………85
不軽品 ……………………85
不受余経一偈 ……………103
仏界 …… 16, 21, 26, 54, 55, 56,
　72, 102, 106, 157
仏教 ……………102, 148, 151
仏種 ………………………151
仏性 ………………………29
仏乗 ………………………54
仏像 …………………68, 87
仏道 ………………………167
分身 ………………………51

ほ

法	77, 95, 106
報恩抄（題名）	18
報障	63
宝塔	102, 114
報身	29
法難（難、迫害）	91, 162
方便	102, 103
方便品	103, 106, 135, 151
謗法	69, 77, 111
法華経	25, 39, 51, 54, 59, 65, 69, 75, 77, 79, 85, 93, 96, 101, 102, 103, 105, 106, 109, 115, 117, 120, 128, 138, 144, 147, 159, 162, 166
法華経の行者	39, 41, 99, 118, 131
法華経の題目	45
法華経の兵法	93
菩薩	51, 103, 121
菩薩界	55, 56
菩提樹	168
法華宗	75
法師品	138
法性	22, 29
法身	29
仏	22, 59
仏の使い	42
凡聖同居（穢）土	99
本尊	51, 133
梵天王	167
煩悩	75, 128
煩悩障	63
煩悩即菩提	75, 128
煩悩魔	63
凡夫	72, 99, 106
翻訳の秘訣	145

ま

| 末法 | 36, 114 |

み

| 身の財 | 81, 82 |
| 妙法 | 25, 36, 93 |

む

| 無間地獄 | 19 |
| 無辺行菩薩 | 51 |

も

文殊師利 ……………………115
問答 ……………………25, 28

や

薬王品 ……………………93, 139

り

利生 ……………………96
律宗 ……………………118
立正安国論（題名）…………13
竜樹（菩薩）……………………19

ろ

六道 ……………………56
論師 ……………………19

御書本文索引
Index

あ

青き事は藍より出でたれども ……………………………………94
悪王の正法を破るに ……………………………………………46
悪は多けれども一善にかつ事なし ……………………………142

い

何なる世の乱れにも ……………………………………………76
いかなる・わづらはしき事ありとも夢になして ……………64
いかに人をどすともをづる事なかれ ……………………………90
異体同心なれば人人すくなく候へども ……………………142
異体同心にして南無妙法蓮華経と唱え奉る ………………122
一念無明の迷心は磨かざる鏡なり ……………………………20
一切衆生の口に入れんとはげむ ……………………………30
「一切世間の治生産業は皆実相と相違背せず」………108, 146
一身の安堵を思わば ……………………………………………12
いまだこりず候 …………………………………………………58
いよいよ・はりあげてせむべし …………………………………67

え

閻魔王のせめ ……………………………………………… 40

お

臆病にては叶うべからず候 …………………………… 92
同じ法華経にては・をはすれども志をかさぬれば ………… 94
各各師子王の心を取り出して ………………………… 90
各各にはかへ思ふべからず …………………………… 64
御みやづかいを法華経とをぼしめせ ………………… 108

か

籠の内の鳥も出でんとするが如し ……………………… 27
過去の父母等をすくわせ給へ ………………………… 161
乾ける土より水を儲けんが如く ……………………… 76

き

行学たへなば仏法はあるべからず …………………… 132
行学の二道をはげみ候べし …………………………… 132
行学は信心よりをこるべく候 ………………………… 132
「行解既に勤めぬれば三障四魔紛然として競い起る…」 … 60
教主釈尊の出世の本懐は人の振舞にて候けるぞ ……… 84
教主釈尊をうごかし奉れば・ゆるがぬ草木やあるべき ……… 86

く

吼とは師弟共に唱うる所の音声 …………………… 34
蔵の財よりも身の財すぐれたり …………………… 80

け

賢者はよろこび愚者は退くこれなり …………………… 70
「現世安穏・後生善処」の妙法 …………………… 24
現世の安穏ならざる事をなげかざれ …………………… 14

こ

広宣流布の大願も叶うべき者か …………………… 122
心の財第一なり …………………… 80
此の事にあはん為なりけり …………………… 140
此の御本尊の宝塔の中へ入るべきなり …………………… 100
此の法門を申すには必ず魔出来すべし …………………… 60
今生人界の思出なるべき …………………… 24

さ

三障四魔と申す障いできたれば …………………… 70

し

地獄の苦みぱっときへて ……………………………… 52
師子王の如くなる心をもてる者 ……………………… 46
師子王は百獣にをぢず・師子の子・又かくのごとし …… 90
十方の諸仏は妙の一字より生じ給へる故なり ……… 119
師とは師匠授くる所の妙法 …………………………… 34
子とは弟子受くる所の妙法 …………………………… 34
自然に仏界にいたるべし ……………………………… 14
四表の静謐を禱らん者か ……………………………… 12
湿れる木より火を出し ………………………………… 76
「従藍而青」 …………………………………………… 158
宿縁ふかしと思うて …………………………………… 38
主の御ためにも仏法の御ためにも世間の心ねもよかりけ
　り ……………………………………………………… 80
上行菩薩の大地よりいで給いしには・をどりてこそ … 110
しをのひると・みつと月の出づると・いると…必ず相違
　する事あり …………………………………………… 70
信心の血脈なくんば法華経を持つとも無益なり …… 126
信心の厚薄によるべきなり …………………………… 100

す

水魚の思を成して ……………………………………… 122

せ

世間の治世の法を能く能く心へて候を智者とは
　　　申すなり ………………………………………………… 146
先業の重き今生につきずして ……………………………… 52

そ

総じて日蓮が弟子檀那等・自他彼此の心なく ……………… 122
僧も俗も尼も女も一句をも人にかたらん人は如来の使 …… 136
其の国の仏法は貴辺にまかせたてまつり候 ……………… 149
空飛ぶ者の王たり鷲のごとし ……………………………… 116
夫れ木をうえ候には大風吹き候へどもつよきすけを
　　　かひぬれば・たうれず ……………………………… 152

た

大悪をこれば大善きたる ……………………………………… 110
大地はささばはづるるとも …………………………………… 130
第六天の魔王・十軍のいくさを・をこして ………………… 97
只南無妙法蓮華経と唱へたてまつるを是をみがく
　　　とは云うなり ……………………………………………… 20
但偏に思い切るべし ………………………………………… 140

ち

力あらば一文一句なりともかたらせ給うべし ……………… 132
智者とは世間の法より外に仏法を行ず ……………… 146
地走る者の王たり師子王のごとし ……………… 116
忠言耳に逆う道理なるが故に ……………… 58

つ

つゆを大海にあつらへ・ちりを大地にうづむとをもへ ……… 164

て

転重軽受と申す法門あり ……………… 52
天の加護なき事を疑はざれ ……………… 14

な

なにの兵法よりも法華経の兵法をもちひ給うべし ……………… 92
南無妙法蓮華経とばかり唱へて仏になるべき事 ……………… 100
南無妙法蓮華経と我も唱へ他をも勧んのみこそ ……………… 24
南無妙法蓮華経は万年の外・未来までもながるべし ……… 17
南無妙法蓮華経・臨終正念と祈念し給へ ……………… 126

に

日蓮一度もしりぞく心なし ……………………………… 97
日蓮生れし時より・いまに一日片時も・こころ
　　やすき事はなし ……………………………………… 161
日蓮が一門は師子の吼るなり ………………………… 90
日蓮が如くにし候へ …………………………………… 50
日蓮が慈悲曠大ならば ………………………………… 17
日蓮と同じく法華経を弘むべきなり ………………… 38
日蓮は少より今生のいのりなし ……………………… 78
日本国の一切衆生の盲目をひらける功徳あり ……… 17
如来の使と見えたり …………………………………… 136

ね

願くは我が弟子等・大願ををこせ …………………… 164

ふ

深く信心を発して日夜朝暮に又懈らず磨くべし …… 20
仏種は縁に従って起る ………………………………… 149
仏法の根本は信を以て源とす ………………………… 100
冬は必ず春となる ……………………………………… 104

ほ

- 法華経の命を継ぐ人 …… 78
- 法華経の行者の祈りのかなはぬ事はあるべからず …… 130
- 法華経の修行の肝心は不軽品にて候なり …… 84
- 法華経の題目・宝塔なり宝塔又南無妙法蓮華経なり …… 113
- 法華経のゆへに命をすてよ、つゆを大海にあつらへ …… 164
- 法華経は師子王の如し一切の獣の頂きとす …… 119
- 法華経は種の如く仏はうへての如く衆生は田の如くなり …… 58
- 法華経を信ずる人は冬のごとし …… 104
- 法華宗の四条金吾・四条金吾と鎌倉中の上下万人 …… 74
- 仏になるみちは善知識にはすぎず …… 156

ま

- 魔競はずは正法と知るべからず …… 60
- まことの時はわするるなるべし …… 14
- 末法に入って法華経を持つ男女の・すがたより外には宝塔なきなり …… 113
- 迷う時は衆生と名け悟る時をば仏と名けたり …… 20

み

身の財より心の財第一なり ……………………… 80
妙と申す事は開と云う事なり ……………………… 44
妙法蓮華経の七字五字を日本国の一切衆生の口に
　入れんとはげむ ……………………… 30

む

無間地獄の道をふさぎぬ ……………………… 17

れ

例せば日蓮が如し ……………………… 46

わ

我が身宝塔にして我が身又多宝如来なり ……………………… 113
わたうども二陣三陣つづきて ……………………… 40
わづかの小島のぬしら ……………………… 40
我並びに我が弟子・諸難ありとも疑う心なくば
　自然に仏界にいたるべし ……………………… 14

装幀／堀井美惠子（HAL）
本文レイアウト／安藤 聡
イラスト／嘉戸享二

英語で学ぶ御書──The Gosho in English

2015年1月2日　初版第1刷発行
2019年2月16日　初版第5刷発行

編　者　「英語で学ぶ御書」編纂委員会
発行者　大島光明
発行所　株式会社　第三文明社
　　　　東京都新宿区新宿1-23-5
　　　　郵便番号　160-0022
　　　　電話番号　03-5269-7144（営業代表）
　　　　　　　　　03-5269-7145（注文専用）
　　　　　　　　　03-5269-7154（編集代表）
　　　　振替口座　00150-3-117823
　　　　Ｕ　Ｒ　Ｌ　http://www.daisanbunmei.co.jp
印刷・製本　藤原印刷株式会社

©Eigodemanabugosho Hensan Iinkai 2015　　Printed in Japan
ISBN 978-4-476-06222-9
乱丁・落丁本はお取り替えいたします。ご面倒ですが、小社営業部宛お送りください。送料は当方で負担いたします。
法律で認められた場合を除き、本書の無断複製・複写・転載を禁じます。